JN106286

# ビジネスライブ配信のはじめ方

はじめ方

の

ビジネスライバー
**赤城良典**
Akagi Yoshinori

フォレスト出版

　この本は、簡単にいうと **“Facebook のライブ配信機能を活用してビジネスを成功させるための本”** です。

「Facebook？　ああ、オワコンの SNS でしょ。今さら？」

「ライブ配信って、投げ銭やギフトで課金するものでしょ」

　そう思ったあなた、相当勘違いしています。

　Facebook は決して終わったコンテンツではないし、僕が提唱するライブ配信は投げ銭目的でも、バナナのたたき売りみたいなライブコマースでもありません。

　本書は全世界で 27 億人以上、日本でも約 2600 万人が利用している Facebook を活用した、これまで誰もやったことのない、まったく**新しいライブ配信ビジネスのノウハウ**を伝授しようというものです。

　僕は独自に「**ビジネスライバー**」と名乗っています。「ビジネスライバー」とは「ライブ配信をビジネスに活用している人」の総称として、僕が独自にネーミングして使っているものです。

ライブ配信は、あなたの認知度を上げ、あなたのサービスや商品を知ってもらえるツールになるだけではありません。あなたのビジネスで大切にしているミッションや世界観といったこだわりを伝え、未来のお客さんと出会える、魔法のようなツールなのです。

　現在、ライブ配信は YouTube、Twitter、Instagram などあらゆる SNS でもできますが、僕のオススメは、何といっても **Facebook によるライブ配信（以降「Facebook ライブ」）** です。なぜなら、YouTube のようなレッドオーシャンとは違い、Facebook ライブは、まだそれほど競争が激化していないブルーオーシャンだからです。

　また、YouTube では必須とされる編集作業もほとんど必要ありません。そのため、僕のような、普通の一般人で知名度はないけれど、お客さんに対して誠実にビジネスがしたい人にとっては、Facebook のライブ配信は最強のツールなのです。

　とはいえ——
　**「実際それでどのくらいの売上になるの？」**
　——と疑問に思われる方もいるでしょう。

　はい。
　僕は「ライブ配信研究会」という無料のコミュニティと「B-School」という有料コミュニティの運営を行っています

が、Facebook ライブを活用することにより、わずか 1 年余りで無料コミュニティの会員は 0 人から 1450 人（2021 年 8 月現在）、有料コミュニティは約 100 名になりました。

　**有料コミュニティの会費は月額 1 万 9800 円ですから、毎月×約 100 人分の売上がある計算です。**しかもオンラインですから原価はほとんどかかっていません。コミュニティ運営とは別に、ライブ配信を通じて個別のコンサルティングも行うようになり、おかげさまでビジネスは拡がり続けています。

　2019 年 8 月に Facebook ライブを始めた時は、視聴者はまさかの 0 人でした。そしてその状態は 3 週間も続いたのです。しかし、めげずに試行錯誤をくり返し、毎回データを取りながら毎日 365 日ライブ配信を改善し続けた結果、トータルのリーチ数（Facebook ページのコンテンツを見たユーザー数）が 180 万人（2021 年 8 月現在）、1 回のライブ配信で 600 件以上のコメントが入るまでに成長しました。

　もし広告を出してこれだけの集客をするとしたら、一体いくら費用をかけなければいけないでしょうか。

　**しかし、Facebook ライブの使用料はゼロ円です。**

　ここまで読んでも、まだピンと来ない人はいるでしょう。

　なぜなら、このビジネスモデルは、これまで誰もやったこ

とのない、まったく新しいものだからです。

　でも、大丈夫です！

　あなたが新しいテクノロジーに詳しくなくても、これまで
あまり Facebook を使ってこなかったとしても、問題ありま
せん。この本を通じて、一歩ずつ実践したら、手応えを感じ
てもらえることでしょう。

　これからの時代は、SNS を通じたお客さんとのつながり
が重要になります。Facebook ライブを活用すれば、未来の
お客さんと出会えるだけでなく、あなたのビジネスを応援し、
積極的に広めてくれる仲間を増やすことが、無名のスモール
ビジネスでも可能になるのです。


**「弱者が強者になる」**

それこそが、**Facebook ライブの醍醐味**なのです。

さて、僕について、もう少しだけ説明させてください。

　僕は世界 45 ヶ国、約 2 万人の受講生が学ぶ、パートナー
シップ講座のプロフェッショナルです。

　フランクリン・コヴィー・ジャパン株式会社「7 つの習
慣・結婚編」日本人初の認定講師として、「赤城夫婦」名義
で結婚についての著作『マリッジ・プレミアム〜仕事の成功
を約束する結婚生活の送り方〜』（キングベアー出版）を出

したほか、仕事と家族を天秤にかけるワークライフバランスの生き方ではなく、仕事と家族をブレンドさせて生きることを伝えた『家族＞仕事で生きる。』（SBクリエイティブ）の著書があり、「幸せな結婚生活と仕事の成功を両方とも手に入れる方法」のセミナーや講演を数多く行ってきました。

　自分で言うのもなんですが、講演は好評で、毎回多くの方が足を運んでくださいました。講演中はみなさん熱心に話を聞いてくれます。しかし、いざ終わってチラシを配り、連続講座の案内をし始めると途端に空気が変わります。

### 「結局、最後は売り込みなの？」

　いやいや、それが僕の仕事ですから（笑）
　でも、そんなふうに雰囲気が豹変するのがすごくイヤでイヤで。それで成約がたくさん取れればいいのですが、結果的に成約ゼロなんてこともざら。
　嫌な思いだけして一銭にもならないのです。


　「売り込みなんかしないで、いい人で終わらせておけばよかった」


　何度こう思ったことか。
　「本当に自分はセールスに向いていない」
　「セールスなんかしなくても買いたい人たちが勝手に集ま

る仕組みをつくれないかな」と思った時、たまたまライブ配信と"再会"したのです。

　きっかけは、アメリカのビジネス情報をウォッチしていた時のことです。2019年の7月頃、アメリカでFacebookライブが注目されているという情報をキャッチしました。ライブ配信に関しては今から10年以上前の2008年にUstream（ユーストリーム）という初期のライブ配信を行っていたことがあります。しかしFacebookライブは未体験でした。

### 「今さらFacebookでライブ配信？」

　そう思いましたが、ピンポイントで顧客とつながる方法を探していた僕は、一つの可能性として、Facebookライブをやってみることにしたのです。
　最初から今のようなD2Cモデルになると確信していたわけではありません。ただ、オンラインビジネスを10年以上実践していたこともあり、もしかすると、何かこれまでとはまったく異なる展開を見出せるかもしれないと感じたのです。

　最初にライブ配信を始めたのは2019年の8月1日。
　視聴者はまさかのゼロでした。
　しかも先に言った通りそこから3週間、無観客試合は続いたのです。

今から考えるとそれも当然かなと思います。当時、日本では Facebook ライブをやっている人がほとんどいませんでした。また、知り合いにも告知していませんでしたからね。誰もいない野原で 1 人、上手でもない漫談を披露していたようなものです。

　しかしさすがにこのままでは厳しいなと思い、22 日目の時に「今日、誰も見にこなかったらやめよう」と決めてライブ配信を行いました。でもせっかくだから何かこれまでとは違うことにトライしてみようと、ライブ配信後に自動的に残るアーカイブ動画に字幕を付けて再投稿してみたのです。
　そうしたらそのアーカイブ動画がなんと 3000 人に見られたのです。「もう、やめよう」と思った 22 日目の時に。

　「これは可能性があるぞ！」

　そう思って、ライブ配信をやり続けることにしました。まだリアルタイムで見てくれる人はいないけれど、コツコツ改善していけば、アーカイブ動画が呼び水になって、リアルタイムでライブ配信を観に来てくれる人が増えるに違いない。
　実際それから少しずつ、リアルタイムの視聴者も増えていったのです。
　しかし、話はそう単純ではありません。なかなかコメントが入らないのです。コメントを書いてくれるような積極的な

まえがき

人は、次のアクション＝購買につながりやすいのですが。100日目の僕のライブ配信に、いくつコメントが付いたでしょうか？

**0件です。ゼロ。**

つまり興味半分で立ち見する人は何人かいるけれど、熱心に話を聞いてくれるお客さんは皆無だったということです。

そこから一生懸命考えました。どうすれば視聴者の目を釘付けにして、耳を傾けさせ、そして前のめりにさせるか。データを取って、ひたすら試行錯誤の日々を送りました。

その結果、今では1回のライブで600以上のコメントが付くようになりました。

**どうすればそんなマジックみたいなことが可能になるのか？　それを今からじっくりと解説していきます。**

え、黙って自分だけでこっそりやれば儲かるのにって？

そうかもしれません。それでも本書でノウハウを全公開しようと思ったきっかけは、新型コロナウイルスです。

ライブ配信を2019年8月1日から始めてマネタイズできるまでに7〜8ヶ月ぐらいかかりました。2021年の3月頃ですね。

この頃はすでに新型コロナウイルスが世界中に猛威をふるっていて、僕の周りでも、対面サービスをしている人たちが一気に仕事を失ってしまいました。今の僕に何かできることはないかと考え、これまで伝えていたパートナーシップから話題を変え、僕が得意とするオンラインビジネスのノウハウを、どんどん無料で話し始めたのです。

　すると、非接触型ビジネスの経験のない人たちが次々とライブ配信を観にきてくださるようになりました。有料で伝えていた内容も出し惜しみせずに、ライブ配信を通じて、毎日話し続けた結果、気がつけば、ものすごい勢いで視聴者が増えていきました。

　日を増すごとに、コメント数が増えていったこともあり、僕はみんなで切磋琢磨し、応援し合える場所を作りたいと思い、「ライブ配信研究会」という無料の Facebook コミュニティを発足。それから 2 ヶ月後、「お金を払うので、さらに詳しく学びたい」という声に後押しされ、**有料のコミュニティ「B-School」**を立ち上げ、現在に至ります。

　そして、ついに長年の夢だった「商品やサービスを欲しいと思っている人にだけ、ピンポイントでセールスする」ということが可能になったのです。

　これにより、「お客さんになるかもしれない」と半信半疑で様子を見ながらセールスしたり、相手から嫌がられたりす

ることがなくなりました。

　僕の成功は、僕が特別なのではなく、ライブ配信というツールを効果的に活用することで得られたものであり、これは誰にでもできることです。なぜそう言えるのかというと、僕のコミュニティのメンバーはさまざまな業種の人たちがいて、それぞれに成功し、大活躍しているからです。

　先述したように、Facebook ライブは最初に大きな投資や特別な技術は一切必要ありません。あなたに必要なのは、あなたの中からわき起こる本物の情熱、そして視聴してくれる人たちとの楽しいやり取りです。

　もし、あなたが僕のように「本当に欲しいと思っている人にだけ、ピンポイントでセールスする」ことに興味があり、非接触型ビジネスで新たな収益を生み出したいと思っているのなら、この本は、あなたのための本です。

　さらに、時間と場所の自由を実現する働き方を模索している人にとっても、この本は役に立つでしょう。なぜなら、ライブ配信は、どこにいてもできる、時間と場所にしばられないツールだからです。

　ビジネスライブ配信。

　あなたの可能性を大きく開かせる、この魔法のツールを活用して、最高のビジネスと人生を手に入れませんか？

第1章 今、なぜ
Facebookのライブ配信が
アツいのか？

第**5**章　ライブ配信で集客する

第**7**章 ライブ配信で得られる圧倒的に自由な生活

【注意】

本書の内容は2021年8月時点における最新情報をもとに作成しています。解説されている操作手順など仕様に変更が生じる可能性があります。予めご了承ください。

ブックデザイン　三森健太＋永井里実（JUNGLE）
DTP　　　　　キャップス
図版制作　　　ファミリーマガジン
校正　　　　　広瀬泉
編集協力　　　五十嵐裕樹

第 **1** 章

今、なぜ
Facebookのライブ配信が
アツいのか？

# 1

## 本書でお伝えしたい「ビジネスライブ配信」の魅力とは？

　この本では、ライブ配信を活用して次の3つの願いを実現する方法をお伝えします。

①お金を稼ぎたい
②自由になりたい
③影響力を持ちたい

①お金を稼ぎたい
⇒ライブ配信でマネタイズできます。

　対面接触型の職業の方々がコロナ禍で大打撃を受けましたが、ライブ配信で集客することで見事に成功した人が続々現れました。コロナ以前よりも稼いでいる「ライブ配信長者」が今この瞬間にもどんどん生まれています。

　本章でも成功事例としてたくさん登場してきます。

　しかも、コストはほとんどゼロ。お金をかけずに、仲間を増やせて、売上も爆上がり。そんな魔法のツールが「ビジネスライブ配信」なのです.

②自由になりたい

⇒なれます。

　なぜなら、**時間と場所にしばられない働き方**ができるからです。いつでも、どこからでも、今すぐライブ配信を始めることができます。しかも、**動画の編集が要らない**。さらには、一度行ったライブ配信が自動的にアーカイブ動画となり、24時間働くオンラインPRマンになってくれるのです。

③影響力を持ちたい

⇒可能です。

　なぜなら、ライブ配信はあなたの認知度を飛躍的に上げるツールだからです。まさにFacebookライブは現代の生放送テレビです。

　ひと言でいうと、**ライブ配信は「普通の人」が「普通の人でなくなる」ツール**なのです。

　「今さらFacebook？」
　「ライブ配信はハードル高いな……」
　「YouTubeじゃダメなの？」
　「ライブ配信することでどれだけの成果があるの？」

　こんな疑問が沸いている方もいるかもしれません。だいじょうぶ。これからその疑問に詳しく答えていきます！

# 2
## ライブ配信長者が続々誕生している

　論より証拠。

　まずは、僕のコミュニティのメンバーもしくはクライアントから〈ライブ配信長者〉の人生の激変ぶりをご紹介しましょう。

### 3ヶ月待ちの超人気料理教室に

　料理研究家の内田惠美さん（ニックネーム・めーらさん）は北海道で料理教室を開いていましたが、やはりコロナで教室の開催ができなくなり、ランチを作って食べながら雑談するスタイルのライブ配信を開始。並行してZoomによるオンライン料理教室を募集したところ、**3ヶ月待ちの人気教室になりました。**

　これまでリアルでは地元・北海道の方しか参加できませんでしたが、オンラインの今は日本全国、さらには海外からの参加者も増え、大盛況です。

**内田惠美さんのFacebookページ**
https://www.facebook.com/ryourikameera/

## 企業研修の単価が3倍にアップした事例

　「声の専門家」であるうしおまこさんは、ブライダルをはじめ、各種イベントでの司会やナレーター、アナウンススクール講師などの実績をもとに企業研修や講演会で活躍されていましたが、コロナ禍で売上が激減。

　起死回生を図るべくライブ配信を始めたところ、見事にブランディングに成功し、**企業研修の単価が3倍にアップ。現在ではオンラインスクールの集客を有料広告を使わずに、ライブ配信のみで行えるようになりました。**

うしおまこさんのFacebookページ
https://www.facebook.com/Lecture.ushiomako

## 事務代行の仕事から
## ITツールの専門家に転身

　山田真智子さんはもともと事務代行の仕事に従事されていましたが、ライブ配信でのファンづくりに成功。下請け仕事の事務代行業からITツールの専門家に転身し、**働く時間が半分に減ったのに、売上は2倍になりました。**

山田真智子さんのFacebookページ
https://www.facebook.com/machicolibrary

## 受注単価が 60 倍（!）になった
## デザイナーさん

　廣瀬サチコさんはブランディングデザイナーとして、朝から晩まで仕事漬けの日々で精神的にも限界を迎えていました。ライブ配信をきっかけに 1 回の配信で 200 件以上のコメントが入る人気ライバーになったことで下請け的な仕事を断り、クリエイティブな依頼を選べるように。**受注単価も 60 倍にアップし、コンサルティングの依頼が急増**。その結果、家族で卓球を楽しむ時間的余裕を持てるようになりました。

**廣瀬サチコさんの Facebook ページ**
**https://www.facebook.com/SachiWakwakDesign**

## ライブ配信を人材採用に活かしたケース

　実はライブ配信は売上を伸ばす方法だけではなく、人材採用にも効果があります。
　現役歯科医ライバーの年名淳さんはライブ配信を活用してリクルーティングに成功しています。ライブ配信をきっかけに、年名さんの治療方針や世界観に共感した優秀な歯科衛生師の就業希望が相次ぎ、**1 人あたり 150 万円の採用コストがゼロになっています。**

年名淳さんの Facebook ページ
https://www.facebook.com/ToshinaDental

## とうとうライブ配信で
## 不動産を売る人まで出現

　とうとう不動産をライブ配信で売る人も現れました。

　池野広さんは山形の不動産会社の社長さんなのですが、ライブ配信のスタイルがユニークです。実際の物件に池野さんが出向き、ライブ配信しながら物件の隅々までレポートするのです。

　**この臨場感のあるライブ配信が功を奏し、なんと 3000 万円もの物件を内見なしで購入した人がとうとう現れました。**

　現在、全国の不動産業の社長さんから池野さんのライブ配信の出演オファーが殺到しており、出演料 30 万円で応じているそうです。**池野さんがライブ配信で販売した不動産の総額は 5 億円を超えています。**

池野広さんの Facebook ページ
https://www.facebook.com/xxxboss0001xxx/

　ご紹介した方々のほかにも、コロナ禍で仕事ゼロからのV字回復をライブ配信で果たし、5ヶ月待ちの売れっ子集客動画プロデューサーとなった伊福美輝さん。

　コロナ禍において 38 年間の CA 生活にピリオドを打ち、

ライブ配信を学び、オンラインビジネスを構築。1年で500万円以上稼ぐようになったグレイス加余さん。

　ライブ配信の活用法を法人に活かした法人営業の専門家・寺尾健治さんなどなど。

　本書で紹介し切れないくらいの「ライブ配信長者」がたくさんいます。今あなたがこの本を読んでいる瞬間にも、ライブ配信長者が生まれているかもしれないのです。

# 3

## Facebook は
## オワコンではない

　ところでみなさん、ライブ配信長者の方々にはある共通点
があることにお気づきでしょうか?

　そう、**全員が Facebook を使ってライブ配信をしている**と
いうことです。

　しかし、現在の SNS のトレンドは、Facebook よりも
Instagram や YouTube とされていて、**Facebook はオワコン
のイメージ**が強いです。特に、ビジネスでは、使用者の年齢
層が高いため、もう使えないと思われています

　これは本当でしょうか?

　総務省「令和2年度情報通信メディアの利用時間と情報行
動に関する調査報告書概要」によると、Facebook の利用者
の年代は30代(48%が利用)がもっとも多く、2番目が40
代(39%)で、3番目が20代(33.8%)と続きます。

　つまり、**それほど高齢化しているわけではないのです!**

　では、なぜ Facebook はオワコンの SNS と言われるように
なってしまったのでしょうか?

　これまで Facebook をビジネスに活用する方法は、個人ア
カウントで友達を最大5000人にまで増やし、つながった友
達に向けて、投稿を通じてマーケティングを行うというもの

でした。

このような方法が有効だったのは、投稿した記事が友達全員に届いていたからです。しかし現在のFacebookでは、友達のニュースフィードに自分の投稿がすべて表示されているわけではなく、限られた人にしか表示されなくなっています。

どれほど多くの人とつながっていても、互いに交流のある人同士の記事しかニュースフィードに表示されないのです。

一説では、**Facebookの個人アカウントの表示率は極端に落ちていて、6%以下**ともいわれています。仮に友達が1000人いたとしても、60人にしか表示されていないということになります。これでは、いくら友達や投稿数を増やしたとしても、情報が伝わりません。

そのため、Facebookの友達に対して、投稿を通じてマーケティングを行ってきた人たちは、Facebookからの集客が難しくなり、次々とFacebookから撤退してきました。

そもそもFacebookの「個人アカウント」は商用目的の投稿を禁止しています。

こうした背景もあり、「Facebookはビジネスに使えない」と思われるようになってしまったのです。

ちなみにFacebookには〈**個人アカウント**〉と〈**Facebookページ**〉の2種類があることをご存じですか？

〈個人アカウント〉とは、Facebookを始める時に最初に作成するもので、出身地や生年月日などのパーソナルデータを記入して、友達とつながっていくアカウントです。

一方〈Facebook ページ〉は、個人アカウントをつくった上で、さらに追加して作成するページです。見た目は個人アカウントとよく似ているのですが、一番の違いは〈友達〉の項目がないことです。

　なぜなら、Facebook ページは友達を作るのではなく、ビジネスに活用することが目的だからです。

　この〈Facebook ページ〉活用については、意外と知られていません。

　しかし、この〈Facebook ページ〉が抜群に使えるのです！

　〈Facebook ページ〉には、**インサイト**というページの分析機能があり、さまざまなデータを把握することができます。

　さらに、僕自身が蓄積したデータやクライアントさんのインサイトから得たデータからわかったのは、**個人アカウントよりも〈Facebook ページ〉のほうが投稿が拡散されやすく、リーチ数が伸びやすい**ということでした。

　これはあくまでも僕の推測ですが、Facebook がユーザーの滞在時間を長くしたいと考えていることから、〈Facebook ページ〉がますます優遇されるようになっているのではないかと考えています。

　なぜなら、人気のあるライブ配信のライブを視聴者が長い間見続けることは、Facebook に滞在する時間を増やすことにつながるからです。**Facebook ライブこそ、これから大きく伸びるブルーオーシャンの市場なのです。**

　ただし Facebook ページの投稿を Facebook ページだけでは

拡散することはできません。個人アカウントにシェアすることで初めて拡散していきます。

**実はこの時だけ個人アカウントの表示率が 6%という呪縛**<sup>じゅばく</sup>**から解き放たれることが僕のリサーチからわかっています。**

あくまでも推測ですが、Facebook ページの利用を推奨するためにそのようなアルゴリズムを働かせているのではないかと思われます。

Facebook ページは個人アカウントの活用があって初めて機能し、個人アカウントも Facebook ページを活用することで価値が生まれるのです。この 2 つを効果的に活用すれば、2600 万人のユーザーとつながることができるのです。

これでもあなたは Facebook をオワコンと呼びますか？

ライブ配信の主戦場はＦ ａ ｃ ｅ ｂ ｏ ｏ ｋページ

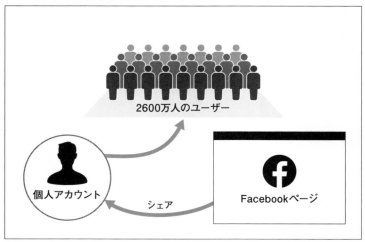

# 4
## 滞在時間を伸ばすなら 動画よりライブ配信

　Facebookページと個人アカウントを併用すれば「普通の
テキストや写真の投稿でもいいのでは？」と思う方もいるで
しょう。

　もちろん、それも一つの方法です。しかし、Facebookに
投稿するなら、テキストと写真だけの投稿よりも、動画、特
にライブ配信が断然オススメなのです。

　なぜなら〈滞在時間〉が違うからです。

　みなさん、Facebookのテキストの投稿はどのくらいの時
間をかけて読みますか？　短いものなら数秒という程度では
ないでしょうか。比較的長い文章でもせいぜい1分というと
ころでしょう。むしろ長過ぎると、あとで読もうと思うので
はないでしょうか？

　これがもし動画だったらどうでしょう。気軽に見てみよう
としませんか？　友達が旅先で撮影した絶景動画、飼い猫
の可愛らしい動画。

　思わず見てしまいませんか？

　なぜなら、「読む行為」は能動的ですが、「見る行為」は受

動的だからです。受動的だとそれほど労力を必要としませんので、気楽に動画を見続けることができるのです。

さらに、**動画にはテキストや写真よりも多くの情報を一度に届ける力があります。**

たとえば、絶景を見た感動をテキストと複数枚の写真をアップするより、スマホを使ってぐるっと回して景色を撮影し、今まさに感動している気持ちとともにライブ配信したほうが、一瞬で相手に伝わるはずです。

さらに Facebook が公式にアナウンスしていることですが、**15 分の動画と 15 分のライブ配信を比べると、ライブ配信のほうが 6 倍も長く見られるのだそうです。**

同じ「動画」でもライブ配信のほうが 6 倍長く見られる

動画 ▶
0:15:00

LIVE
0:15:00

6倍長く見られる！

ではなぜ、ライブ配信は動画より６倍も長く見られるので
しょうか？

　その秘密は**「今この瞬間」であること**です。

　ここにライブ配信の大きな価値があります。なぜ「今この
瞬間」であることに価値があるのかというと、最新の情報だ
からであり、この瞬間にやり取りができるからでもあります。
言い換えるなら、**「時間」と「体験」の共有が可能**だからで
す。

　収録済みの動画の場合、緊急性がないことが多いため、い
つ見てもよいことになります。それに比べて、ライブ配信は、
「今この瞬間」に見て、ライバーと「時間」と「体験」を共
有することに価値があります。

　これは、観劇やコンサートのように「今、この瞬間を共有
できる価値」と同じことが、デジタルでも可能になってきた
ということなのです。

　これってすごいことだと思いませんか？

　だから、収録済みの動画よりも、ライブ配信がオススメな
のです。

# 5 一体感を生み出す ための必勝ツール

　実は、Facebookページでライブ配信をやる上で、もう一つ重要なポイントがあります。それは、「**StreamYard（ストリームヤード）**」というライブ配信ツールを使うことです。なぜなら、これを使えば視聴者とのやり取りが、より活発になるからです。

**StreamYard**
**https://streamyard.com/**

　StreamYardはカナダ発祥の多機能ライブ配信ツールで、Facebook、YouTube、Twitterなど様々なSNSに同時に生配信できます。自分好みに画面を彩ったり、簡単にテロップを入れられたり、優れた機能がたくさんあります。

　僕が特に素晴らしいと思うのは、**各配信先のSNSで投稿されたコメントを、自由に画面に表示できる機能**です。この機能を取り入れることで、ライブ配信の双方向コミュニケーションがスムーズになるのです。

　Facebookライブ単体には、このコメント表示機能はありません。

では、コメントが表示できる点の何がよいのかというと、それは視聴者との〈一体感〉が生まれることです。

　僕はコメントを表示して、なおかつ読み上げるので、あたかもラジオのディスクジョッキーのようなライブ配信をしています。ラジオで自分が送ったハガキやメールを紹介されたら嬉しいですよね。逆に、ディスクジョッキーも自分宛てにハガキやメールが届くと嬉しいはずです。ライブ配信者（以下ライバーと呼ぶ）も同様です。つまり、リスナーとDJ、視聴者とライバーの双方が嬉しくなるWin-Winのコミュケーションがきっかけとなって「一体感」が生まれているのです。

　ちなみに、17LIVE（イチナナ）やSHOWROOMなどのライブ配信サービスも投稿コメントが表示されますが、これ

StreamYardの画面

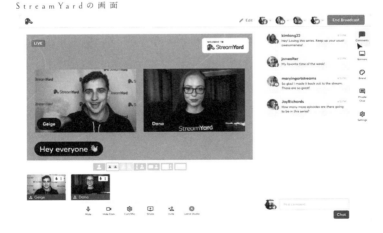

らは自動的に画面に表示されていきます。

　一方、**StreamYard はライバーがコメントを自ら選んで画面に表示させることができます。** その結果、どのコメントをどんな順序で紹介するかによって、ライバーの個性や人柄が伝わるのです。

## 「ライブ配信は Facebook 一択」で ある理由

　さてここで一つ疑問に思った人がいるかもしれません。

**「他の SNS でもいいんじゃないの？」**

　はい。確かに StreamYard は YouTube にも配信できます。

　**しかし、僕が Facebook をオススメするのは、ユーザーが原則「実名」であるからです。**

　たとえば、Twitter や YouTube はユーザーが匿名であることが多いので、辛辣な批判や攻撃がエスカレートしやすく、ライブ配信のコメント欄が荒れてしまうことが起こりえます。いわゆる「炎上」です。

　僕のように炎上する事態は避けたいと望み、視聴者と和気あいあいとつながりたい人にとっては、実名の方からのコメントはとても安心できる環境だといえます。

　なぜなら、実名であるからこそ、どのようにコメントするかについて慎重になりやすく、誰かを傷つけるような発言がなされにくいからです。この点においても、〈ライブ配信はFacebook 一択〉と言っていいほどの価値があります。

# 6

## ライブから生まれる「無駄」が視聴者を惹きつける

　よく聞かれる YouTube と Facebook ライブとの違いについて、お伝えしておきましょう。

　YouTube はどちらかと言えば無駄をどこまで省けるかを追求するプラットフォームです。視聴者は短時間で有益な情報を得たい、あるいは次々に流れてくる動画で飽きずに楽しみたい。そのため冗長な動画は視聴者を離れさせてしまいます。だから無駄なシーンは編集でどんどん削っていくのがYouTube の攻略法です。

　一方、Facebook ライブの攻略法は〈無駄を活かすこと〉なんです。無駄も含めたリアルな様子に、その人の人間性が垣間見えて、「あ、この人こんな素の表情を見せるんだ」と、思わず目を引くのです。

　ここで言う「無駄」とは想定外のトラブルやハプニングのことです。たとえば、ライブ配信中に水をこぼしてしまったり、突然ライブ配信が落ちてしまい画面から消えてしまったりと、思わぬ出来事が起こることがあります。ほかにも、電話が鳴ったり、宅配便が来たりするのは「ライバーあるある」です。

このような時に、どう対応するのか。そこに、生配信ならではのライバーの素の魅力がにじみ出るのです。**そこには「嘘」がないから、観ていて飽きない**のです。

　今、世の中の人たちは、テレビやYouTube動画の過剰に盛られた演出に気づき、それに飽きています。

　演出されているからこその魅力がある一方で、それに飽きた世の中の人は、脚色されていない「素」の人物像を覗き見たいと思うようになっています。

　「ホントのところはどうなの？」と。

　**ライブ配信は「素」がダダ漏れです。**だから視聴者はみなさんハマってしまうのでしょう。ライバーの性格や人柄がストレートに伝わりやすいという意味ではトラブルはむしろ大歓迎です。

# 7

## 弱者がたちまち強者になれる Facebookライブ

**ライブ配信のよいところは、マーケティング弱者がライブ配信を通して強者になれる点です。**

clubhouse（クラブハウス）という音声SNSがありますが、clubhouseは強者がさらに強者になるプラットフォームです。なぜならclubhouseのなかで情報を拡散していく機能がないため、もともと知名度がある有名人しか集客できないからです。

しかし、**Facebookは網の目のように人々のネットワークがつながっているため、方法一つで無限に情報を拡散できるのです。しかも一切お金をかけずに。**

それゆえに、**弱者がいきなり強者になれるツール**です。特にライブ配信が拡散しやすいのは先ほど述べた通り。

お金はかけられないけれど自分のことをたくさんの人に知ってもらいたいなら、Facebookライブこそ最速の近道です。

では、どんな業種の人がFacebookページを使ったライブ配信に向いているのでしょうか？

その答えは**「あらゆる業種の人」**だと、僕は胸を張って言

えます。

　ご自身でビジネスをされている方だけでなく、ごく普通の会社勤めの人でもライブ配信を活用することができます。

　なぜなら、**ライブ配信をすることで、自分の市場価値を上げ、さまざまなチャンスを増やすことができるからです。**あなたがどんな人で、どのような経験や専門性があり、これから何をやってみたいと思っているか。これらのことが、ライブ配信を通じて伝わると、多くの方に認知してもらうことができ、協力者が増え、**その結果、弱者であっても強者になることができるのです。**

# 8

# 「ちゃんとしない」を
# ちゃんとする

　ここまで読んできて、感度のいい方はすぐにでも Facebook ライブにチャレンジしてみようと思ったのではないでしょうか。

　実際、僕の周りでもライブ配信に興味を持ち、さっそく取り組まれる方が続々と現れています。なぜなら、今ライブ配信を始めることに**「先行者利益」**があるからです。

　とはいえ、真面目（まじめ）な人ほど、「ちゃんと準備が整ってから」と思って、スタートするまでに時間がかかってしまうこともよくあります。

　でも、そういう人に投げかける魔法の言葉があります。

　それは――

## 「『ちゃんとしない』を、ちゃんとする」

　これは、新しいチャレンジをする際、身構えてしまう自分を鼓舞するためのセリフです。

　僕も、初めて何かに取り組む時は「正しく取り組もう」と考えるあまり、前になかなか進めないことがあります。けれども、**このような完璧主義ではうまくいきません。**

だからこそ、「ちゃんとしない」を「ちゃんとする」なのです。言い換えるなら、「完璧にしようとしない」を「しっかり行う」。つまり、**完璧主義を手放して、まずはスピード重視で気軽に取り組んでみましょう**という意味です。

　さらにもう一つ、僕がよく伝えているセリフがあります。それが、**「四の五の言わず GO ライブ！」**です。

　まずは最初の一歩を踏み出してみる。これが大事。

　やってみて、「ダメだ〜」と思ったら削除すればいいのです。

　でも、最初の一歩を踏み出しさえすれば、少しずつでも経験値は貯まっていき、いつのまにか個人放送局並みのライブ配信になっていますよ。

　第2章では、僕がここまでやって来た道のりをじっくりご紹介します。

　だからとにかく、やってみること。それでも迷ったら次の言葉を声に出して言ってみてください。

**「ちゃんとしないを、ちゃんとする」**
**「四の五の言わず GO ライブ！」**

第1章の内容についてさらに詳しく知りたい読者はこちら！
赤城良典がとことん解説します（動画）

第 **2** 章

ライブ配信は夢を
実現するツールである

# 1

## 四の五の言わず GOライブ！

　さっそく Facebook でライブ配信を始めてみましょう。
話はそれからです。

## Facebook ページをつくろう

　まずは Facebook の個人アカウントを取得します。詳しく
は Facebook ヘルプセンターの「アカウントの作成」を参考
にしてください。

　個人アカウントが取れたら、「Facebook ページ作成」のペ
ージ（https://www.facebook.com/pages/create/）にアクセスし
ます。すると、次のようなページが現れますので、ページ名、
カテゴリ、詳細を入力します。

**https://www.facebook.com/pages/create**

　ページ名は一般的に企業名やブランド名、組織名を入力しますが、僕のおすすめは「個人名」です（その理由は後ほどご説明します）。入力した内容は後から変更できますので、まずは自分の名前を入れておきましょう。

　カテゴリも同様です。カテゴリ欄に単語を入力すると関連するものがいくつか表示されます。自分にぴったりのカテゴリ名が出てこなければ、「ローカルサービス」でも何でもいいです。ちなみに僕のカテゴリは「著者」です。

　詳細にはとりあえず簡単なプロフィールを書いておきましょう（なくてもいいです）。

　さあ、Facebookページができました。

## まずはいきなり「ライブ配信」してみる

　次に何をやるかというと……いきなり「ライブ配信」です。

「いや、ちょっと心の準備が！」
「背景やアイコンの写真とかきれいにしてから……」

　そんなことを言っているうちに、1週間経ち、1ヶ月経ち、1年経ち……で、結局やらないで終わってしまうでしょう。
　前章でも書きましたが、「ちゃんとしない」をちゃんとしましょう。とりあえず1歩踏み出してみる。それで〈見える景色〉が変わることを知ってほしいんです。
　ライブ配信を始めるのは簡単です。
　作ったページをスクロールしていくと、［ライブ］というアイコンがあるのでクリックします。すると［Live Producer］というページ（https://www.facebook.com/live/producer/）に移りますので、タイトルと説明文を記入します。これも適当でいいです。
　最初は誰も観ていないので。
　それでも恥ずかしい人は、［ライブ配信前のテスト配信を作成］をオンにしてください。これはテスト用のライブ配信で、ページの管理者と編集者以外には表示されません。
　そして一番下にある［選択］をクリックします（タイトル

と説明欄に何かしら文字を入力しないと半透明のままちゃんと表示されませんのでご注意ください)。

　するとカウントダウンの後、自分の顔が映った画面の左上に［LIVE］という文字が表示されます。

　はい、もうライブ配信は始まっています。

　簡単でしょう？

　**今、全世界に向けてあなたのその顔が発信されているのです。**でも心配いりません。

　**何度も言いますが、最初は誰も観ていませんから。**

　とりあえず何かしゃべってみましょう。「こんにちは！」の一言でもいいですし、自己紹介でもいいです。とにかく何か口に出して言ってみましょう。

　気がすんだら［ライブ動画を終了する］（テストの場合は［テスト配信を終了］）をクリックして、配信を止めます。

　初めてのライブ配信はいかがでしたか？

　特に何かが起こった、変わったようには思えないかもしれません。**しかし、あなたはすでに以前のあなたではありません。立派なライブ配信者、いわゆる「ライバー」です。**

　以上はパソコンでの操作方法ですが、Facebook ページを作ったり、ライブ配信したりするのはスマートフォンでも可能です。むしろそちらのほうが簡単かもしれません。

　あっけない？

　そうです、ライブ配信、思ったより簡単なんです。

# 2

## 他人のライブに積極的に
## コメントして名前を売る

　ライバーへの道に一歩踏み出したら、多くの人に観てもらうための工夫をしていきましょう。といっても、最初は他のライバーがどんなふうにライブ配信をやっているのか見てみるのをおすすめします。

　僕が作った「**ライブ配信研究会**」というライバーたちが集まる日本最大級の Facebook グループには、1450 名（2021 年8 月時点）を超える初心者からベテランまでさまざまなライバーが在籍していて、常時ライブ配信を行っています。ここに入ってもらえたら、どんな感じでやればいいのかわかると思います。

　誰でも無料で参加できますし、新しいメンバーは大歓迎です。質問すれば誰もが優しく答えてくれると思います。

　ただし、このグループはあくまでも真面目なライブ配信愛好者、Facebook の活動をちゃんとしている人のための交流の場です。あからさまな売り込み目的の投稿はご遠慮ください。

**ライブ配信研究会**
https://www.facebook.com/groups/livestream.leaders/

さて、ただ見ていても意味がありません。ライブ配信上達のコツ、それは「積極的にコメントする」ことです。慣れるためというだけではありません。ほとんどの人がStreamYardを使っているので、コメントすると画面に表示され、場合によっては読み上げてくれるのですが、それを何度も繰り返していると、ライバーや視聴者に名前を覚えてもらえるのです。

　「あ、■■さん、今日も来てくれた」
　「〇〇さんのコメント、面白いんだよね〜」

　そう思われたらしめたもの。
　実際、他人のライブ配信にコメントし続けたことで、ライブ配信をやる前から名前を大いに売った人が結構います。
　その人たちがいざ「今度ライブ始めます！」と告知すると、多くのメンバーが観にきてくれます。初日から250件もコメントが入った人もいます。これを僕は「コメントマーケティング」と呼んでいます。ぜひ試してみてほしい方法です。
　特に僕のライブ配信は常時80人ぐらいが観ているので効果バツグンですよ。僕も積極的にコメントを取り上げますので、ぜひ一度遊びにきてください。

コメントが
取り上げられる
ことで
顔と名前が
売れる

# 3

## 継続はチカラなり。無理して毎日より週イチで

　配信の頻度は、やはり毎日やるのが理想です。僕も初日から435日目まで毎日やりました（現在は週1回くらいですが）。

　なぜなら、最初は誰にも知られていないからです。毎日やり続けて、いつもやっているという状態を作ると、より早く認知されます。お店と一緒ですね。

　もちろん仕事や家庭の都合で毎日は無理という人もいるでしょう。それでも継続が大事です。**週1回でも週2回でもいいから、決まった曜日、決まった時間にやることで、「あ、○○さんのライブは明日だ」と覚えてもらいやすいからです。**

　僕の有料コミュニティ「B-School」のメンバーに起業コンサルタントの野田祥代さんという方がいます。彼女はライブ配信による集客で月80万円を超える売上を得ているのですが、週2回しかやりません。それでもしっかり継続することによって、成果を得ることができています。

　無理して毎日やって1ヵ月でやめてしまうくらいなら、1週間に1回でもいいから継続したほうが"強い"ですね。

## 配信時間は何時が効果的なのか？

ライブ配信は何時くらいにやると効果的なのか。

もちろん仕事が休みの日とか、1日の間で仕事や家事が空いた時間など、人によってできる時間帯は違うと思いますが、パターンとして多いのが、夜は20時から22時の間、そして昼は12時から13時です。

つまり、**やる人も観る人も一番都合のいい時間帯**です。夜は夕食を終えてホッと一息ついている時、昼はランチタイム。商店街でいうとお客さんの人通りが一番多い時間帯ですね。

ここを狙うのが常道ですが、逆にいうと「競合」も多いんですよね。1度にいくつもライブは観られませんから。

僕なんかは夕方の5時とかにやっています。この時間は意外と穴場で、結構人が多いからです。主婦の方も多くて、夕食の準備をしながらラジオ感覚で観てくれる人もいます。

いずれにせよ、人気が出れば何時にやっても見にきてくれます。**だから一番大事なことは、できるだけ早く自分のスタイルとペースをつかんで継続するということ。**

そのためには、やっぱり「ちゃんとしないをちゃんとする」「四の五の言わずGOライブ！」が大事になってくるんです。

# 4

## 下手こそものの上手なり。ひたむきな姿に人は心を動かされる

　「ちゃんとしない」ことの1つに「しゃべり方」があります。実は話すのがうまい人は、意外とファンが少ないんです。タレントさんでテレビでも活躍する人がたまにライブ配信しているのを見ますが、意外と視聴者が少ないんですよね。

　これはきっと多くの人が、**ライブ配信者の「ひたむきさを見たい」**と思っているからだと思います。誰しも一生懸命な人を応援したいんですよ。だからライブ配信の教えを請いにきた人には**「最初から完璧にしゃべらないでください」**とハッキリ言っています。

　画面作りも同じです。**最初からテロップなどを作り込まないほうが得策です。**少しずつ進歩して、「あ、ロゴが入った」「タイトルを凝りだした」という成長の過程を見るのが楽しいからです。最初からテレビ番組みたいな完璧な画面だと、逆に「商売目的かもしれない」と敬遠されます。

## 「プロセス」を公開することの大切さ

　今の時代、**「過程を見せる」**ってすごく大事です。

　人はどうしてもカッコつけたい、いいところを見せたいと

思う生き物ですが、視聴者はそれを求めてはいません。それよりもひたむきに努力している人が好まれるのです。

　高校野球と一緒ですよね。技術はプロ野球のほうが断然上ですが、プロ野球よりも高校野球に心を揺り動かされる人は多い。それは高校球児の姿がひたむきだからです。

**だから、とにかく下手でもいいからやってみること。**

　最初から完璧であるよりも、少しずつ成長している。一歩ずつでも前に進んでいる。そんなひたむきな姿に人は心を動かされるからです。

ライブ配信は「ひたむきさ」が支持される

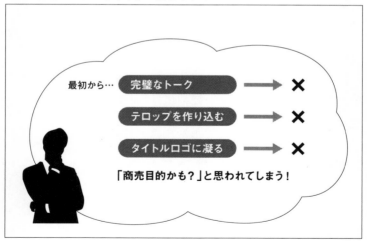

最初から…

完璧なトーク　➡　✕

テロップを作り込む　➡　✕

タイトルロゴに凝る　➡　✕

「商売目的かも?」と思われてしまう!

# 5

## 必要なのは情報発信ではなく「感情発信」

　自分の素を見せるライブ配信は、いわゆる情報発信ではなく「感情発信」といえます。時代的にも、感情を揺り動かされる **"エモい"コンテンツ** が求められています。

　それに気づいたのは、僕が Facebook でライブ配信を始めた頃のある出来事です。

### 愚痴るライブが予想外にウケたことでわかったこと

　僕はもともとパートナーシップの専門家なので、Facebook ライブもそういった情報を発信するために始めました。だけど、誰も話を聞いてくれません。当然です。最初は〈どこの馬の骨だかわからない奴〉ですからね。

　実は、最初は屋外でやっていました。家の近くの河川敷や公園などです。かっこよく言えば野外ライブですね。当時、野外ライブ配信なんて誰もやっていなかったし、それを365日続けたら目立つだろうと思ったからです。

　ところがスマホでやっていたので、真夏の暑い日は高温になって電源が落ちてしまうのです。ある日も自分なりに満足のいく配信ができていて、「これは神回だな」と心の中でほ

くそ笑んでいたのですが、途中でスマホが落ちて台無しに……。

　さすがにその時は落ち込みました。再開してもまったくテンションが上がらなくて、「今日は凹んでます……」という"愚痴ライブ"にしたんです。いえ、なってしまったんです。

　**そうしたら一度も入ったことのなかったコメントがポーンと入ってきたんです。**『いつも見てます』と。「いつも見てるのならコメントしてよ！」と思いつつ、すごく嬉しかったのを覚えています。他にも反応があって「これはイケる！」と思いましたね。

　つまり、何が言いたいかというと、**「専門性」よりも「人間性」のほうが重要だということ。**それ以降、気温35度の炎天下でも、冬の6度の寒さの中でも毎日めげずにやり続けました。冬なんて息が白く画面に映りましたからね。

## 人は「話」ではなく「あなた自身」に興味を持つ

　一心不乱にやり続けていたら、次第に視聴者が〈僕自身〉に興味を持ち始めてくれているのがわかるようになりました。『一生懸命やっている姿に元気づけられます』とか『勇気づけられます』というコメントがどんどん入るようになってきたからです。

　なかには『職を失って時間ができたから観ています』なんていう人もいました。ところがその方が急に観にこなくなっ

たんです。どうしたんだろう？　と思っていたら、しばらく経って久しぶりに観にきてくれたことがありました。

「お久しぶりですね」と画面越しに語りかけたら、『実は赤城さんのライブ配信を見ていたら元気が湧いてきたんです』とのコメント。

もう1回夢に向かって挑戦しようと起業したらうまくいって、今は社員を抱えるまでなったというじゃないですか。

この時は嬉しかったですね〜。

それと同時に大切な法則を知った瞬間でした。


「人は『話』に興味を持つのではない、『その人自身』に興味を持つのだ」と。

# 6

## テキストや編集された動画は「感情」が伝わりにくい

さて、ここでは情報発信より「感情」の発信のほうが大事な理由を論理的に説明しましょう。

### ライブだから好き嫌いが瞬時にわかる

情報発信の最たるものがブログなどのテキストコンテンツですが、そこから得られる情報はたかが知れています。文字で感動や書き手の個性を伝えるのは限界があるからです。

一方、ライブ配信は見た瞬間にどんな人間かだいたいわかります。「生理的に受け付けない」とか、「この人の話し方が嫌い」という理由で去られてしまうこともあるのですが、逆に「面白そうだから見ちゃおう」となる場合もある。その時はすでにファンになりつつあります。

つまり、ライブ配信の場合、好かれるか嫌われるかのどちらかなのです。

### 編集して切り捨てられた部分に「素の顔」がある

効率の面を考えても、ブログやメールマガジンなどを使っ

た集客はものすごく時間がかかります。かたや、ライブ配信は、気に入ってもらったらあっという間です。

　しかも同じ動画でも、YouTubeのような編集型ではなく、ライブ配信がベターです。なぜならYouTubeに映し出されるのは編集した顔、つまり作られた顔。

　一方、**一切編集されていないノー編集のライブ配信では素の顔が映し出されます。**

　編集で切り捨てられたNG部分にこそ、「発信者の人間性」が映し出されているからです。

ライブ配信は好き嫌いがはっきりわかれる

# 7

## 最初から物を
## 売ろうとしない

　ライブ配信で物を即売したい、いわゆるライブコマースをしたい人にとってみれば、僕のような雑談で積極的に脱線していくやり方は、購買意欲を失わせると思って敬遠する人もいます。

　しかし、僕はそもそも物を売ろうと思ってライブ配信をしていません。

　もちろん最終的にはマネタイズするのですが、まず「この人のライブに行くと楽しい」「この人と関わると面白い」「いつも楽しい仲間がいる」という関係性、つまり**コミュニティをつくることが先決**だと思うからです。

　とにかく自分を知ってもらいたい。自分の考え方に共感して「この人と何か関わりたい」「仲間になりたい」と思ってもらいたい。そんな思いを込めてライブ配信をしています。

## 「信頼」を増やせば LTV は上がる

　なぜ、「最初から物を売らないこと」にこだわっているかというと、かつていきなり物を売ろうとして失敗したからです。

何も知らない人間から物を買う人はいません。

　でも、信頼できると思える人なら、お金を出してもいいと思うはずです。

　信頼を構築するには多少時間がかかりますが、その分 **LTV**（ライフタイムバリュー＝顧客生涯価値）は上がります。一度信頼関係ができたら、よほどのことがない限りずっと応援してくれるからです。

　だから行うべきは〈**自分を知ってもらうライブ配信**〉です。自分はこういう人物で、こういうことに興味があって、こういうことに熱量を傾けているということを、あせらず、偽らず、飾らず、素のままにアピールしていく。それが信頼づくり、支援の輪づくりにつながっていくのです。

# 8

## 仲間づくりからどう マネタイズしていくか？

「ライブ配信研究会」は、ライブ配信200日目に発足しました。それくらい回数を重ねると〈ライブ配信に詳しい人〉というイメージが自然に出来上がっていたからです。

だから、当初のテーマであったパートナーシップの話はほぼしなくなりました。視聴者からもライブ配信の話を聞きたいというコメントが圧倒的に増えていたので、「じゃあみんなで切磋琢磨し合える場所を」ということで作ったのです。

しかし最初のメンバーは数えるほどでした。どんなに無料でも、自分の役に立たない集まりには名前を連ねたくないのでしょう。

そこで始めたのが、**月に一度のオンライン勉強会**でした。

これは今も恒例の勉強会で、最初に行ったのは「StreamYard活用講座」でした。参加人数は30人ぐらいで、Zoomを使って行いました。これが非常に好評だったのです。当時StreamYardはあまり知られておらず、日本語の情報もほとんどなかったので、正直お金をとってもいいくらいの内容でした。

それによって「ライブ配信研究会」の価値がグンと上がりました。**「有料レベルの講義を無料で受けられる」**と評判に

なり、メンバーが増えていったのです。

　グループを作ったのは2020年2月。1ヵ月後の3月に始めた月1回の勉強会には30人、4月には50人ほどに増え、6月にはその倍の100人、7月には150人と、どんどん参加者が増えて右肩上がりでした。

　それと同時に有料のオンラインスクールも始めました。「B-School」という名で今も続けています。月1万9800円の会費は結構高めですが、そこではライブ配信から一歩踏み込んで、ビジネスをどう具体的に構築していくかという話をしています。ライブ配信研究会が発足した2ヶ月後に開講して、参加者は初月が約25人。今は約100人になっています。

　つまり、「ライブ配信研究会」は全部無料⇒そこからさらに深く学びたい人は有料の「B-School」へ……という、マネタイズのための導線をFacebook上に設計したのです。

　ここで気をつけるべきことがあります。「ぜひ、入ってください！」といった販売色は一切出さないことです。

　売り込みはしないでください。

　自然と「お金を払いたい」という流れをつくっていくことこそ、コミュニケーション型ライブの真骨頂だからです。

## ライブ配信後のアーカイブを活用して拡散させる

　では、マネタイズ導線の最初の入り口である Facebook ページには、どのように人を流入させればいいのでしょうか。僕が取った手法は、〈ライブ配信のアーカイブ動画〉を拡散させる方法です。

### Facebook は
### 字幕付き動画コンテンツとの相性が◎

　Facebook で配信されたライブは、自動的にアーカイブが生成されます。私は最初の頃、そこに字幕をつけて再投稿しました。そして個人アカウントにシェアしまくりました。それしかやる方法が見つからなかったからなのですが、結果的にこれが大当たりしました。

　**Facebook は字幕付きの動画コンテンツとの相性が抜群です。なぜならば、ニュースフィード上で自動再生してくれるので、興味がなくても自然と目に入るからです。**

　しかも、最近の Facebook が動画を積極的に拡散・表示させるアルゴリズムであることは先に述べました。

　それに気づいたのは Facebook ライブを始めて 3 週間視聴者がゼロだった時です。字幕を入れてアーカイブを再投稿し

たら、約3000人に見られたからです。それまでとは考えられない数字でした。これは可能性があると思い、それからも字幕を入れたアーカイブ動画を投稿し続けました。

**ちなみに広告宣伝費は一切かけていません。**

Facebookページでは100円から広告を出すことができるのですが、かける前に拡散してしまったので、広告費をかける必要がなかったのです。

「よし、こうなったら一切広告を打たないで100万リーチを達成しよう！」と目標を立てました。それは後に現実のものとなり、現在は180万リーチ（2021年8月時点）まで届きましたが、今でも一切広告費は使っていません。

実際に人の流入がどう変わっていったか、データでお見せしましょう。

実際のライブ配信の記録データ

| 何日 | 日付 | 同時 | リーチ | コメント | 何日 | 日付 | 同時 | リーチ | コメント |
|---|---|---|---|---|---|---|---|---|---|
| 107日 | 11/16(土) | 6名 | 222 | 0 | 311日 | 6/07(日) | 085名 | 3696 | 460 |
| 108日 | 11/17(日) | 4名 | 232 | 2 | 312日 | 6/08(月) | 057名 | 2307 | 254 |
| 109日 | 11/18(月) | 4名 | 209 | 2 | 313日 | 6/09(火) | 056名 | 1559 | 216 |
| 110日 | 11/19(火) | 5名 | 232 | 1 | 314日 | 6/10(水) | 056名 | 1661 | 329 |
| 111日 | 11/20(水) | 4名 | 210 | 0 | 315日 | 6/11(木) | 059名 | 2071 | 326 |
| 112日 | 11/21(木) | 6名 | 218 | 0 | 316日 | 6/12(金) | 107名 | 10294 | 514 |
| 113日 | 11/22(金) | 2名 | 225 | 0 | 317日 | 6/13(土) | 074名 | 3197 | 272 |

表の一番上の行を見てください。ライブ配信を始めて107日目と、そこから工夫をし続けた311日目の比較です。107日目は同時にライブ配信を観た視聴者はたったの6人、コメントは0です。

　それが311日目には同時に最大85人もの人が観てくれ、460もコメントを寄せてくれました。

　さらにその下に注目です。5日後の316日目には最大107人の人が同時に観てくれました。コメントも500件オーバーです。1つのライブ配信のみでリーチ数も1万人を超えました。

　**これは、1万人にダイレクトメールを届け、しかも全員が開封して見てくれたのと同様の成果が無料で実現したといえます。**

　つまり、Facebookの本質をつかみ、的を射た拡散を行うと、これだけの結果となって表れるということなのです。

# 10
## スモール・ジャイアンツとして個人が新しい価値を創り出す時代

　ここまで書いてきて、結局何を言いたいのかというと、それは「**Facebookライブは弱者が強者になれるツールである**」ということです。

　アメリカのビジネス・ジャーナリストであるボー・バーリンガムは、著書『SMALL GIANTS』で、規模は大きくないが世の中に大きな影響を与える企業のことを「**スモール・ジャイアンツ**」と名付けました。

　まさにFacebookライブを使えば、個人でも大企業に負けないスモール・ジャイアンツになることが可能です。

　その理由は3つあります。1つ目は**Facebookが広告での収益化をすごく重要視していること**です。

　広告はFacebookページでしか出せないので、それを利用する人を増やすために、表示率を上げて個人アカウントより優位であることをアピールしようとしています。さらに文字コンテンツより写真、写真コンテンツより動画、動画コンテンツよりライブのほうが、表示率は断然高いです。

　2つ目の理由は、**リアルタイムでコミュニケーションがとれること**。TwitterやYouTubeは目の前で話しかけてくれることはありません。両者との間には文字や編集という物理的

かつ心理的な距離があります。

　しかし、ライブ配信は編集されていないので、圧倒的に視聴者との距離が近い。コメント機能などを使って直接コミュニケーションをとることもできます。そうやって作り上げた絆<ruby>絆<rt>きずな</rt></ruby>は、何十万、何百万のフォロワー数よりも強固なはずです。

　そして3つ目。**今ならやっている人が少ないということ。**いわゆる**先行者利益**を得ることができるのです。ヒカキンさんもはじめしゃちょーさんも、誰もYouTubeに見向きもしなかった時にいち早く始めて、今の地位を築きあげました。素人で今からその領域に入るのは、ほぼ不可能といっていいでしょう。

　しかしFacebookライブは違います。**今から始めれば、誰でもヒカキンさんやはじめしゃちょーさんのような地位に昇り詰められる可能性があるのです。**

　そう、夢を実現するツール、それがライブ配信なのです。

---

第2章の内容についてさらに詳しく知りたい読者はこちら！
赤城良典がとことん解説します（動画）

---

第 **3** 章

ライブ配信で
ブランディングする

# 1
## 商品を売るのではなく「世界観」を売る

　ライブコマースは商品を売ることが目的になりますが、僕が提唱している〈コミュニケーションライブ〉は、いわば「世界観」を売ることを目的にしています。それは「ブランディング」と言い換えることもできます。

　「ブランディング」とは、ものすごく簡単にいうと「世界観」と「専門性」のかけ合わせです。「世界観」とは「何を大切にしているか？」です。「専門性」とは「何が他より優れているか？」です。

　僕の場合だと、「世界観」は「大切なことを大切にできる生き方」です。そして専門性は15年かけて〈パートナーシップの専門家〉というブランドを作り上げてきましたが、ライブ配信はそれをたった1年で払拭してしまいました。今の専門性は〈ビジネスライバー〉〈ライブマーケティングの専門家〉です。

　自社の商品の優れた点つまり専門性について伝えようとする方は多いのですが、それだけでは埋もれてしまいがち。しかし、そこに「世界観」を加えれば、一気にオンリーワンとして記憶に残るようになります。だから、ライブ配信では、商品ではなく「世界観」を売る意識が大切なのです。

## メルマガやブログとの決定的な違い

　他の発信方法と比べてみましょう。

　たとえばメールマガジンやブログなどのテキストメディアは、他者との関係性、いわゆるリレーションシップを作るのに、ものすごく時間がかかります。

　セミナーやイベントの告知をしても最初はなかなか来てくれません。そのうちようやく来てくれるようになって、やがて熱心なファンになる。ここまで下手すると1年ぐらいかかるわけです。

　でも、**ライブ配信の場合は1回のライブでファンになってくれることがあります**。さらにファンから「仲間」にまで心の距離を縮めることもできる。

　しかも**コストゼロ**ですよ。

　時間も含めて、コストが限りなくゼロに近い。

　**これはもはや「革命」です。**

## 熱量を伝える手段として「文字」には限界がある

　「ブランディング」というのは、「消費者の印象にどう残るか」つまり「記憶にどう刻まれるか」ということです。

　記憶に残すためには「熱量」を伝える必要があります。

　しかし、「熱量」を伝えるのに、文字では限界があります。

**「ですよね !!!!!!!!!!」**

　このように感嘆符を10個並べたところで僕の「熱量」は
たいして伝わらないでしょう。
　でも、ライブならそれが一瞬で伝わります。
　たとえば、僕のライブは「熱気がすごい」とよく言われま
す。「バーチャル汗が飛んでくるようだ」とも。それだけ
「熱量」を込めているわけですが、そうでもしないと自分の
想いは伝わらないと思っているからです。
　メルマガやブログは視覚だけですが、ライブ配信なら視覚
と聴覚の2つに訴えることができます。

ブログ・メルマガとライブ配信の違い

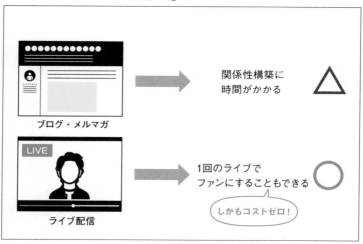

ブログ・メルマガ → 関係性構築に時間がかかる △

ライブ配信 → 1回のライブでファンにすることもできる ○

しかもコストゼロ！

だから僕は、リアルで会う時の何倍もの感情を込めて話すようにしています。それが「バーチャル汗が飛んできそう」というコメントにつながっているわけです。

　その結果、「あの人のライブは熱気がすごいし、ためになるよ」と言ってもらえるようになりました。

# 2
「世界観」を
しっかり伝えるには？

　では、そうした「世界観」はどのようにすれば伝えること
ができるのか？

　答えは、**自分が一番大切にしたいことは何なのか**について
話すことです。

　この時、できるだけ具体例となるエピソードを加えると、
より視聴者に伝わります。

　たとえば、「大切にしたいことを大切にできる生き方」が
僕の世界観ですが、これだけだと、ぼやっとした感じでうま
く伝わりません。

　そこで、僕の場合は家族がとても大切なので、家族と一緒
に過ごすための時間を増やすために、働き方をどう工夫して
いるかについて具体的な話をたくさんします。そうすれば、
世界観はぐっと伝わりやすくなります。

　ただ、これだけでは不十分です。視聴者の頭の中に世界観
が記憶されるためには、繰り返し伝える必要があるからです。
そこで、事例A、事例B、事例Cというように、繰り返し
その世界観を実現させるための具体的な行動について話しま
す。こうして初めて、**人の頭の中にあなたの「世界観」が根
付くようになる**のです。

**この本をお取りいただいたあなたへ**
**フォレスト出版の叡智を無料プレゼント**

フォレスト出版人気講師があなたの人生を変える、
極上のコンテンツを提供

# Secret Gift

### 市村よしなり氏
年収を10倍にするマインドセット（PDF）

### 今井澂氏
6分類で考える個別株投資の分析手法
〜ウラ読み特別版〜（MP3）

### 久野和禎氏
一流のリーダーが必ず身につけている
リーダーシップの極意とは？（動画）

### 横山信弘氏
ロジカルトーク3メソッド（動画）

その他、フォレスト出版が誇る人気講師が登場予定!

**今すぐアクセスしてコンテンツを
手に入れる**

## http://frstp.jp/sgx

## 市村よしなり氏
年収を10倍にするマインドセット（PDF）

あなたは年収を10倍にしたいですか？
年収が10倍になれば、ずっと欲しい、やりたいと思っていたものを全て手に入れることができます。
ただ『年収を今より2倍、3倍にするのも難しい』。
そう思っていませんか？
数々の経営者、個人事業主が教えを請う市村先生が『年収を10倍にするマインドセット』を公開します！

## 今井澂氏
6分類で考える個別株投資の分析手法
〜ウラ読み特別版〜（MP3）

投資初心者へ向けて解説！
個別株を6種類に分類し、それぞれに対する分析を解説。
個別株を分析して、2番底の安値で優良株を仕入れましょう！

## 久野和禎氏
一流のリーダーが必ず身につけている
リーダーシップの極意とは？（動画）

認知科学を土台として生み出されたゴールドビジョン®メソッドのリーダーシップ版が登場！
•卓越したリーダーの性質
•リーダーの拠り所
•リーダーが実際に行うこと
•確実に成果を生む仕組み
などなど、リーダーとして成功するために具体的に身につけているべき考え方／技術を解説していきます！

## 横山信弘氏
ロジカルトーク3メソッド（動画）

「伝えたいことがうまく伝わっていない…」
「部下が思うように動いてくれない…」
あなたはこのように思ったことがありませんか？
相手との話を噛み合わせ、相手を動かすためのトークメソッドを"絶対達成"コンサルタントがあなたへ伝授します！

**フォレスト出版人気講師が提供する叡智に触れ、固定概念に
とらわれず、経済的束縛をされない本物の自由を手にしてください。**

まずはこの小さな小冊子を手にとっていただき、
誠にありがとうございます。

"人生100年時代"と言われるこの時代、
今まで以上にマスコミも、経済も、政治も、
人間関係も、何も信じられない時代になってきています。

フォレスト出版は
「勇気と知恵が湧く実践的な情報を、驚きと感動でお伝えする」
ことをミッションとして、1996年に創業しました。

今のこんな時代だからこそ、そして私たちだからこそ
あなたに提供できる"本物の情報"があります。

数多くの方の人生を変えてきた、フォレスト出版の
人気講師から、今の時代だからこそ知ってほしい
【本物の情報】を無料プレゼントいたします。

5分だけでもかまいません。
私たちが自信をもってお届けする本物の情報を体験してください。

先のことを考えると、不安になる…

"人生100年時代"の今だからこそ、
生涯使えるスキルを手にしたい…

そんな今の時代だからこそ、
フォレスト出版の人気講師が提供する
叡智に触れ、なにものにも束縛されない
本当の自由を手にしましょう。

フォレスト出版は勇気と知恵が湧く実践的な情報を、
驚きと感動であなたにお伝えします。

## まずは無料ダウンロード
▼
http://frstp.jp/sgx

# 3
## 強制的なアウトプット空間に放り込まれるメリット

　ここでちょっと自己啓発っぽい話をします。

　実は、ライブ配信を続けることで、**自分でも気づかない「本当のメッセージ」**を見つけることもできます。

　なぜなら、**ライブ配信を行うことは、強制的な「アウトプット空間」に放り込まれる**ことだからです。

　最初は、自分が一番大切にしていることを「これだ！」とはっきり言語化するのは難しく感じるものです。でも、自分が大切だと思っていることをあの手この手で伝えようとしていると、だんだん絞り出され、その結果、本当に自分が発したいメッセージは「これだ！」とわかる瞬間があるのです。

　**なぜなら、本当に伝えたいことは、「話し続けることができる」**からです。

　僕のクライアントにグレイス加余さんという方がいます。彼女は38年間 CA（航空機の客室乗務員）として活躍。心から愛していた CA の仕事も、コロナ禍で退職せざるをえなくなりました。最初は、ウォーキングの先生としてライブ配信を始めます。ですが、配信を続けていくうちに、ウォーキングではなく、自分と同じシニア世代に向けて「人はいくつになっても変われる」を伝えたいというのが、自分が大切に

したい「世界観」だと気がつきました。

　その結果、60代、70代の人を集めたシニア世代のための「R60ダイヤモンドライバー倶楽部」というライブ配信のコミュニティを作り、大盛況に。

　また、ライブ配信を始めるまではIT音痴だったにもかかわらず、今ではテクノロジーを駆使してビジネスをしていることから、ITが苦手な方たちをサポートする「GRACE SCHOOL」をスタート。想像もしていなかった人生の展開に。まさに「人生は後半戦が面白い」という彼女のキャッチフレーズを体現した生き方をしています。

　これは、ライブ配信を続けなければ、出てこなかった「世界観」です。

　**情熱が失われることなく話し続けることができること。それこそがあなたが「本当に伝えたいメッセージ」なのです。**

# 4

# 「竹やり」じゃなく「エクスカリバー」を使え

こんなことも、僕はよく言っています。

**「竹やりじゃなくて、エクスカリバーを使え」**

ここでいう「竹やり」とは、自分の強みではないこと。**「エクスカリバー」とは、他よりも優れているあなたの専門性です。**

ちなみに「エクスカリバー」とは、アーサー王伝説に登場する魔法の剣です。伝家の宝刀ともいえますね。

みなさん気づかないんですよ、自分の一番の武器を。

よくよく話を聞いてみると、「なんだ、そんなすごい武器持ってるじゃん」ということが往々にしてあります。なのに、みなさん竹やりで戦おうとするんですよね。

一生懸命竹やりを磨きまくっている姿を見て、「いやいや、あなた、エクスカリバーを背中にしょってるでしょ？　なんでそれを抜かないの？」と突っ込みたくなることがたくさんあります。

## ライブ配信で「自分の本当の武器」が見つかる理由

なぜライブ配信をすると、自分でも気づかなかった武器が見つかるのか？

それは〈フィードバック〉がもらえるからです。

ウケれば、コメントや「いいね！」が増える。

ウケなければ、コメントや「いいね！」は増えない。

理屈は単純です。でも、それが一番強い。

どうすればウケるのか、ライブ中に必死で考えることになります。さらにアーカイブで冷静に振り返ることで、自分のやりたいことと視聴者が求めていることのすり合わせをすることもできる。

つまり、ものすごく短時間で、**PDCA のサイクル**を回すことができるんです。

たとえばこんなことがありました。

僕の有料コミュニティ「B-School」のメンバーで伊福美輝さんという方がいます。彼女は起業して世の中のママのサポートをしたいと思っていました。

そこで、ママのためのコミュニケーション術をテーマにライブ配信を始めたものの、まったく反応がありません。

それで僕のところに相談にきたのですが、よくよく聞くと彼女は 14 年ほど地方のテレビ局に勤めていたそうです。動

画撮影のディレクションや動画編集について相当高い技術を持っていました。

それを聞いて僕は思わず声を上げました。

「そっち推し！　集客動画の専門家になるべきですよ！」

その通りやったら、あっという間にブレイク。新規の仕事が取れないぐらい、お客さんが集まったそうです。

つまり、本人は自分のエクスカリバーがわからなかったのです。

今や彼女は、集客動画の評判が起業家の間で広がり、口コミでサポートやコンサル依頼が殺到するようになりました。

ライブ配信で「本当の自分の武器」が見つかる仕組み

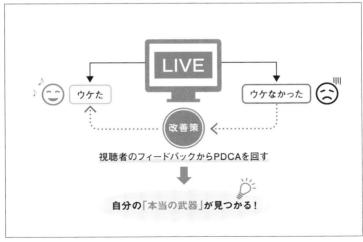

## ライブ配信には若返り効果も！

　ちなみに、ライブ配信には「アンチエイジング」の効果も
あります。なぜなら、配信中はずっと自分の顔を見続けなけ
ればいけないからです。

　普段の生活で自分の顔を見る時間はどれくらいあります
か？　鏡を見ているときは意外と自分の「決め顔」で見てい
ることが多いので、普段どんな表情をしているのか自分では
わかりにくかったりします。

　しかし、ライブは強制的に自分の顔を見せつけられます。
「口角が下がってるな」とか、「リアクションが弱いな」と
か、自分のダメなところを客観的に見ることができるんです。
**そうすると人間は無意識に「修正」しようとします。だか
ら、少しずつ表情が明るく、魅力的になっていく。**

　これは僕の実感ですが、メッセージを伝えようとする熱量
が、細胞を活性化させている気がします。

　さらに、これもあくまでも個人的な意見ですが、**ライブ配
信をやり続けた人はみんな見た目が若返っています。**僕も２
年前より今のほうが若々しい。過去のアーカイブ動画を観て
いただければ一目 瞭 然です。

# 5
# コミュニケーションから
# 新しいサービスが生まれる

　僕にはライブ配信中にコメントしてもらうためのとっておきの秘策があります。それはライブの最中に、「**この内容について知りたい人は知りたいってコメントして！**」と伝えるのです。そうすると「知りたい知りたい！」というコメントがどんどん入ります。

　これを「**呼びかけ**」あるいは「**じらし**」と呼んでいます。僕のライブ配信の常連さんは「じらし来た〜」と盛り上がります（笑）

　ライブ配信はコミュニケーションスキルが爆上がりします。特に「アドリブがうまくなった」と、昔から僕を知る友人からはよく言われます。ライブ配信は、誰からどんなコメントが来るか予想できませんからね。

　僕のライブは毎回300件ぐらいコメントが入るため、コメントを読んだ瞬間に次の言葉が出るようなトレーニングを300回しているようなものです。

　だから、アドリブに強くなる。

　このように**ライブはコミュニケーションスキルが上達します。**

　さらには、視聴者とのコミュニケーションを取るからこそ

のメリットもあります。

## ひょんなことからウクレレライバーに

たとえば、ライブ配信研究会のメンバーである新垣晴子さんは、ライブ配信を始めた当初、何を話せばよいのかわからず、フラダンスを踊ってみたり、播州弁を話してみたりしていました。

そんなある日、ライブでウクレレの弾き語りをしたところ、視聴者から思わぬ反響がありました。それから新垣さんは、ウクレレライバーとしてライブ配信をするようになったのです。

コロナ禍で楽器をやってみたいと思っていた人や自宅に埋もれていたウクレレを引っ張り出して、もう一度チャレンジしたいと思った方たちが、彼女のライブを観ながら、みんなでわいわいウクレレの練習をするようになりました。

そこで、**彼女は「ウクレレ倶楽部」を発足。有料のレッスンを行うなど新しいサービスが生まれるきっかけになったのです。**

まさか自分が「ウクレレ倶楽部」を作ることになるとは思ってもいなかったそうです。これも、ライブ配信で視聴者とコミュニケーションを取ったことで生まれたメリットです。

# 6 みんなに発見されるための 3つのコツ

　ここからは「**いかに自分のライブ配信をなるべく多くの人に観てもらうか**」というフェーズに入ります。

　**Facebook ライブのいいところは、生配信が終わると自動でアーカイブ動画が作られる点です。それをあなたのオンライン PR マンとして使えばいいのです。**

　実は、ビジネスライブ配信の要は、この**アーカイブ動画の活用**にあります。なぜなら、初めのころのライブはなかなかリアルタイムで観てもらえないからです。

　ところが、アーカイブ動画であれば、後から何度でも観てもらえます。だから、**ライブ配信を終了したらアーカイブ動画に手を加えていくことが重要**です。

　それを踏まえた上で、みんなに発見されるのための 3つのコツをお伝えしましょう。

## ポイント① 事前告知

　多くの人に発見してもらうために効果的な方法があります。それが「**事前告知**」です。たとえば、Facebook で「何月何日何時からライブ配信をします」という告知投稿を行います。

事前にライブ配信の告知をすることによって、視聴者は自分の予定に入れることができます。とくに、**Facebook ページを作り始めたころは、この事前告知がきわめて重要になってきます。**

　ちなみに、僕のライブ配信が当初まったく見られていなかったのは、この事前告知をせずにゲリラでライブ配信をしていたからです。それではさすがに誰も見てくれませんよね。

　事前告知の投稿にもコツがあります。それはテキスト文字だけの投稿ではなく、**背景文字の投稿**を使うことです。Facebook ページで投稿する際、背景にカラーやイラストが入った背景色がついた投稿ができるので、これを使った投稿をするとインパクトが出ます。技術がある方は、画像を使って事前告知の投稿ができるのであれば、より効果的です。

　Facebook ページで、ライブ配信の開催日時について事前告知の投稿をした後は、その投稿を個人アカウントでシェアします。

　つまり、あなたの個人アカウントの友達に告知するのです。

　ライブ配信を行う Facebook ページで告知しても、始めたばかりではフォロワーが少ないためです。

　個人アカウントでシェアするには、画面の右側にある顔写真のアイコンをプルダウンします。そうすることで、Facebook ページから個人アカウントに切り替えることができ、個人アカウントへのシェアが可能となります。

郵 便 は が き

料金受取人払郵便

牛込局承認

8036

差出有効期限
令和5年5月
31日まで

162-8790

東京都新宿区揚場町2-18
白宝ビル5F

フォレスト出版株式会社
愛読者カード係

|||ı||ıı||ıı||ıı|ı||ıⅠ||ıı··ı·ı||ı|ı|ı|ıⅠ|ı|ı|ı||ı|ı|ı|ı|ı|ı|ı|ı|ı|ı|ıⅠ|ı|

| フリガナ | | 年齢　　　　歳 |
|---|---|---|
| お名前 | | 性別（ 男・女 ） |
| ご住所　〒 | | |
| ☎　　　（　　　　） | FAX　　　（　　　　） | |
| ご職業 | | 役職 |
| ご勤務先または学校名 | | |
| Eメールアドレス | | |
| メールによる新刊案内をお送り致します。ご希望されない場合は空欄のままで結構です。 | | |

フォレスト出版の情報はhttp://www.forestpub.co.jpまで!

# フォレスト出版　愛読者カード

ご購読ありがとうございます。今後の出版物の資料とさせていただきますので、下記の設問にお答えください。ご協力をお願い申し上げます。

● ご購入図書名　　「　　　　　　　　　　　　　　　　　　　　　　」

● お買い上げ書店名「　　　　　　　　　　　　　　　」書店

● お買い求めの動機は?
　1. 著者が好きだから　　　　　2. タイトルが気に入って
　3. 装丁がよかったから　　　　4. 人にすすめられて
　5. 新聞・雑誌の広告で(掲載誌誌名　　　　　　　　　　　　　　　)
　6. その他(　　　　　　　　　　　　　　　　　　　　　　　　　　)

● ご購読されている新聞・雑誌・Webサイトは?
　(　　　　　　　　　　　　　　　　　　　　　　　　　　　　　　)

● よく利用するSNSは?(複数回答可)
　　☐ Facebook　　☐ Twitter　　☐ LINE　　☐ その他(　　　　)

● お読みになりたい著者、テーマ等を具体的にお聞かせください。
　(　　　　　　　　　　　　　　　　　　　　　　　　　　　　　　)

● 本書についてのご意見・ご感想をお聞かせください。




● ご意見・ご感想をWebサイト・広告等に掲載させていただいても
　よろしいでしょうか?
　　☐ YES　　　　　☐ NO　　　　☐ 匿名であればYES

---

**あなたにあった実践的な情報満載! フォレスト出版公式サイト**

http://www.forestpub.co.jp 　フォレスト出版 　検索

## ポイント② サムネイル

　ライブ配信が終わると自動的にアーカイブが作られるので
すが、**サムネイル（縮小見本画像）**は無作為に作られてしま
います。さすがの AI でも、どの表情が好印象かまでは判断
してくれないので、たまに半目状態で間抜けな顔の画像にな
っていたりします。これをちゃんとした画像に変えておく必
要があります。

　そのため Facebook ページの〈動画を編集〉から〈サムネ
イル〉を開き、「自動生成画像」「カスタム画像」「動画のフ
レーム」のなかから「カスタム画像」を選びます。そして、
［画像を追加］に新しく設定したい画像を入れます。

　ちなみに僕は、ライブ配信が終了後、StreamYard の画面を
「**Camtasia（カムタジア）**」という有料の動画編集ソフトで
画面収録しています。

　満面の笑みの表情を数秒間、画面収録し、その録画上でも
っとも表情がよい部分をスクリーンショットします。次に、
その画像に、読みやすくわかりやすくなるよう大きめのタイ
トルを挿入します（「バナー工房」という無料の画像編集サ
ービスを使用しています）。

　**ポイントは人物を右寄せし、タイトルを左側に配置するこ
と。YouTube のようなサムネイルを設定することで、アー
カイブ動画の再生数が伸びていきます**ので、ぜひサムネイル

設定は行ってほしいです。

Camtasia
https://www.techsmith.co.jp/camtasia.html

バナー工房
https://www.bannerkoubou.com/

## ポイント③　タイトル

　サムネイル画像が設定できたら「**タイトル**」を考えます。
　これも重要です。なぜなら、これがあるかないかで再生回数が変わるからです。
　ところが、放置している人が意外と多いのです。
　タイトルの付け方にもコツがあります。
　**僕のライブ配信のタイトルは「○○の方法」とか「○○の作り方」というものにしています。**これは視聴者がパッと見た瞬間、知りたくなるように工夫しているわけです。
　ハウツーであることすぐに知ってもらうためです。
　あなたの専門性をストレートに伝えるためには、視聴者が悩んでいたり、知りたいと思っていることをタイトルにつけることが重要です。
　さらに余裕があれば、タイトルに**検索ワード**を入れておくとベストです。

僕は「オンライン講師」「ライブ配信」といったワードをよく入れ込みます。すると Facebook で動画検索をかけた時に、ヒットしてくれるからです。

　試しに Facebook の動画検索で「オンライン講師」と入力してみてください。僕のアーカイブ動画がたくさん出てくるはずです。

　このように、〈取りたい検索ワード〉をタイトルに入れておくと、ビジネスにつながる視聴者に見つけてもらいやすくなります。

### ポイント❶ ◀ 事前告知

●ライブ配信を行う日時を告知
（「背景文字」を使うと目立つ）

●Facebookページに事前告知された
投稿のURLを
**個人アカウント**でシェア

### ポイント❷ ◀ サムネイル

表情のよい部分をスクリーンショット

⬇

人物右寄せ、タイトルを左に配置

⬇

動画を編集＞サムネイル＞
カスタム画像に追加

### ポイント❸ ◀ タイトル

●「○○の方法」「○○の作り方」など
**わかりやすさ**を重視

●タイトルに「**検索ワード**」を入れる

# 7

## Facebookページは「個人名」で作る

　実はFacebookページの作り方にもコツがあります。

　それは〈個人名〉で作ること。

　なぜなら、Facebookのニュースフィードに流れて来た時に、「株式会社○○」からの投稿だと、売り込みだと思われてスルーされやすくなるからです。

　「○○プロジェクト」「○○コンサルタント」などの肩書も同様です。

　僕は「赤城夫婦」という活動名でFacebookページを運用しています。

　このほうがより個人感が出るので、シェアもされやすくなっています。会社名での投稿だと、友だちにはシェアしづらいですよね。スパムとかだったらどうしようと心配になってしまいますから。

　ところが、個人名だと個人で行っているライブだと認識してくれますので、安心して拡散してくれます。

　だからFacebookページは個人名で作ることをオススメします。

　しかしながら、Facebookページの目的は、あくまでもそれを活用してビジネスを成功させるということです。

その具体的なテクニックを、次の章から説明していきます。

## SEO にも優位なライブ配信

**SEO 対策でもライブ配信は有利です。**

たとえば、Google 検索すると最近は YouTube 動画が上位にきますが、これは Google の方針です。そして今後は普通の動画よりもライブ動画の方が上位に表示されるとも言われています。

編集動画と比べると、ライブ配信は、素の人柄が出るので嘘がつきづらい。検索エンジンとしては、より情報精度の高いコンテンツを推すのは当然です。

実際にライブを見れば、その人が嘘をついているかいないか一目瞭然です。

つまり、ライブというのは「身元保証」であり、まっとうな商売人にとっては「成功への通行手形」です。

だから、これまで優れた商品やサービスを扱ってきたけれど日の目を見なかったという人こそ、ライブ配信をやるべきなのです。

第3章の内容についてさらに詳しく知りたい読者はこちら！
赤城良典がとことん解説します（動画）

第 **4** 章

ライブ配信で
コミュニティをつくる

# 1

## 何を大事にしているかを表明する

　ライブ配信において、なぜFacebookライブがイチオシで、もっとも有望なのか。それは最強のコミュニティ形成ツールだからです。

　Facebookでライブ配信する最大の目的は、自分の世界観に共感してくれる「仲間」と、その仲間たちが集まる場所すなわち「コミュニティ」をつくることだということは、第3章で述べました。

　第4章では、そのコミュニティを作るためにどうすればよいのかという話をしていきます。

## あなたは何を大事にしていますか?

　まず大事なのは、「何を大事にしているかを表明すること」です。これによりあなたの世界観に共感した仲間が引き寄せられます。

　あなたが大事にしているモノやコトは何ですか?

　僕は家族です。家族ファーストを公言しています。

　だから、家族を大事にするにはどうすればいいのかという、**自分が大事にしていることについてどう語るかが、ライブ配**

信でのコミュニティづくりにはとても重要になってきます。

## 僕が最初にライブ配信で表明したこと

　僕がライブで語ったのは、次のようなことです。

「大切なもの以外は大切にしない決断をする」

　これは、大切なもの以外は大切にしないという決断をしなければ、本当に大切なものを大切にすることはできないという意味です。

　たとえば、死ぬ間際の人に「人生で後悔していることは?」と尋ねたとします。その人が「働く時間を減らしてもっと家族との時間を大切にすればよかった」と答えたとします。

　では、その人はなぜ家族との時間を大切にできなかったのか?　それは本当はそれほど大切じゃないものを大切にしてきたからです。

　ものすごく当たり前のことです。

　だから大切なもの以外は大切にしない。そう決めることが大事です。理屈はいたって単純ですが、わかっていてもなかなかできない。

　そこで、どうしたら大切なものを大切にできるのか、僕が

そのためにどんな工夫をしているのかをライブで話したら、たくさんの反響がありました。

　ビジネスの話を聞きにきたのに、まずは家族を大事にしろという。「この赤城夫婦って一体何者なんだ？」と面食らった人も多いでしょう。

　でも、〈赤城夫婦は人生そのものをよりよくするための方法を教えてくれる〉という僕の「世界観」を明確に示すことができました。

　そのおかげで、「とにかく稼げればよい」という儲け主義者ではなく、大切なものを大切にしながら、ビジネスでもうまくいくための方法を探している人たちがたくさん集まるようになりました。

「大切なもの」を見つけるためのイヤなことノート

| イヤなこと | 大切なこと |
|---|---|
| ○○○○○ ──────→ | ？ |
| △△△△△ ──────→ | ？ |
| □□□□□□ ──────→ | ？ |

そうなると「稼げればいいんだよ」というギラギラ系の人たちは、近寄ってこなくなります。

　ちなみに、「大切にしないこと」を見つけるよい方法があります。それは、ノートに「イヤなこと」を書き出す方法。書き出したイヤなことは大切にしない。そしてイヤなことの正反対が、あなたが大切にすべき世界観なのです。

# 2

## グループは信頼できる人 だけで構成する

　ここからは Facebook グループを活用した魅力的なコミュ ニティづくりについて話していきます。

　最初はグループに人をたくさん集めたいからと、誰でも 〈参加 OK〉とハードルを下げがちです。

　もちろん、宣伝効果を高めるためにもフォロワーは多いに こしたことはありません。Facebook ページはそれでいいと 思います。どんどん拡散して、大勢の人にリーチしてもらっ てください。

　ところが、そこから先は要注意です。**人と人が出会うため の「グループ」は、フィルターをかけたほうがよいでしょう。**

　僕が「ライブ配信研究会」というグループを立ち上げた時 は、僕の世界観に共感してくれない人は絶対入れない仕組み にしました。

　具体的にはどうしたのか。

　まずは Facebook グループを作成した際、参加承認をしな いとメンバーになれないようにしました。また、**3 つの質問 に答えてもらい、グループルールに同意しないと参加できな いようにしたのです。**答えるのが難しい質問ではありません。 それでも答えないということは、要は「冷やかし」だという

ことがわかります。

　質問に答えた後も、すぐには参加を承認せず、その人の普段の投稿をチェックします。その時にたとえばFXやアフィリエイトの投稿をしている人はノーサンキューです。違法ではなくても、後々メンバー間でトラブルになる可能性が高いからです。人の悪口をたくさん投稿している人も遠慮してもらっています。みんなで励まし合い、応援し合えるコミュニティにしたいからです。

　メンバーになった後も、投稿は細かくチェックしています。

　Facebookグループには2つの投稿方式があって、1つは〈オーナーや管理者〉だけが投稿（あるいは許諾）できる方式、もう1つは〈メンバー〉なら誰でも自由に投稿できる方式です。

　僕はグループを活発化したいので〈全員投稿OK〉にしていますが、そうすると営業の投稿をする人が出てくるリスクがあります。

　だから僕はグループ内をこまめに見回りして、そうした投稿があったら「削除してください」とお願いしています。

　**「1個ずつメッセージを送っているんですか？」と驚かれますが、僕にとっては当然のことです。だって大事なコミュニティだし、みなさんにとって安心・安全な場でありたいから。**

　そのかわり、営業目的じゃない自分自身のライブ告知のシェアなどは大歓迎です。締め付け過ぎると活発にならないか

らです。

　僕のグループはものすごく投稿が活発なのに、まったく荒れていません。それは、入り口の時点で選別しているからです。

　ぜひ、マネしてみください。

# 3 濃いグループをつくるための 3つのポイント

　僕が主宰する「ライブ配信研究会」は、現在メンバーが約1450名（2021年8月現在）ですが、無選別にやっていたら、ゆうに3000人は超えていると思います。

　ですが、グループ内の団結力はピカイチ。濃度はカルピスの原液並みです！

　**グループの濃度が濃いほど、投稿やメンバー同士のやりとりが活発になります。**

　では、どうすればカルピスの原液並みに濃くすることができるのか？

　その方法は3つあります。

## 濃いグループをつくるためのポイント①
## 心理的安全空間をつくる

　グループのメンバーには「売り込み」などが行われない、つまりお金をむしり取られるような危険な場所ではないと安心してもらえる環境を作ることが重要です。そのためにメンバーの営業投稿を禁止したり、もし見つかったら削除依頼したりするのは先に述べた通りです。

　さらにはネガティブな投稿やコメントをしない、させない。

第4章　ライブ配信でコミュニティをつくる

そういう投稿をしないようにさせるには、逆にポジティブな投稿やコメントをすると人気者になれると実感できる場づくりをすること。

たとえば、僕のライブで僕に対してだけでなく、他のメンバーに対して応援するようなコメントをする人がいたとします。この場合、僕は他のコメントよりも長めに取り上げます。あるいは、こういったコメントを大切にしていると伝えるようにしています。

そうすると、目立って周りから注目されますし、注目されることで人気者になっていきます。こうして観ている人も「あんなふうにすれば人気者になれるんだ」と学びます。

結果、お互いを応援し合う雰囲気をよしとするグループ文化が育まれていくのです。文化に馴染まない人は、やがて自分から退会していきます。

## 濃いグループをつくるためのポイント②
## ニックネームで呼ぶ

僕のライブでは、コメントを寄せてくれた人全員をニックネームで呼んでいます。

実は最初の頃はニックネームで呼んでいませんでした。第1章で紹介した料理家ライバーの内田惠美さんが「ニックネームの『めーら』と呼んでほしい」とコメントしてきたのがきっかけです。

そこで僕が「めーらさん、こんにちは！」と呼びかけたら、

それを見ていた他の人たちが「えっ、ニックネームで呼んでくれるの？」と一斉に頼んできたのです。

そこからニックネームで呼ぶ文化が定着しました。

**ニックネームの効果は絶大。ニックネームで呼ぶことで、一気にお互いの距離が縮まりました。**

だから初めてライブに来た人には、最初にわざわざ「ニックネームを教えてください」と聞くようにしています。

## 濃いグループをつくるためのポイント③
## キャッチフレーズを作る

たとえば、僕の場合は──

「『ちゃんとしない』をちゃんとする」
「四の五の言わず GO ライブ！」

──が、代表的なキャッチフレーズ。

こうしたキャッチフレーズがあると、「あ、このライブは赤城夫婦のライブなのね」と、一発でわかります。

加えて、**世界観が伝わりやすい**ですね。
たとえば……
「完璧なライブはしないようにしよう」
と言っても、今いちピンとこないはずです。
でも……、

「『ちゃんとしない』をちゃんとする」

だと、スッと頭に入ってきませんか？


「とりあえず最初の一歩を踏み出そう」

と言っても、ちょっとインパクトが弱い。

だけど、

**「四の五の言わず GO ライブ！」**

だと、聞いているほうは「よしやろう！」と勢いづいて、より多くの人に広がっていくのです。

　伝えたい思いがあったら、キャッチフレーズを作って、繰り返し言い続けることが肝心です。


濃いグループを作るための3つのポイント

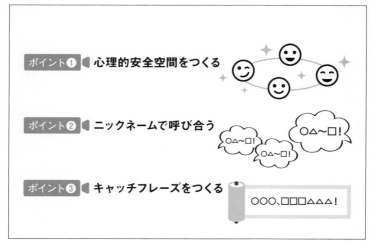

ポイント❶ 心理的安全空間をつくる

ポイント❷ ニックネームで呼び合う

○△〜□！
○△〜□！
○△〜□！

ポイント❸ キャッチフレーズをつくる

○○○、□□□△△△！

# 4
# 思わず「コメントしたい」を 誘発するコツ

　コメントが増えるとコミュニティは活性化します。では、どうすれば活発にコメントしてもらえるのでしょうか。

　実は簡単なコツがあります。

　こちらの画像をご覧ください。

コメントを誘う仕掛け

参加をご希望の方は「参加希望だぴょん」とコメントしてください。後ほど、メッセンジャーにて申込ページをご案内いたします

視聴者を惹きつける
ライブ配信をつくり上げよう

ZOOM勉強会

ライブ配信の
スピーチスキルを
高めてビジネスに
活かす方法

2021.4.30(金)
21:00〜22:30

中級者〜上級者向け

ビジネスライバー
赤城夫婦

　これは月に1回のオンライン勉強会の案内ですが、「**参加する時には〈参加希望だぴょん〉とコメントしてください**」

と書いたんです。

　いい大人がふざけていますよね？

　僕もそう思います（笑）

　でも、どうなったでしょうか？

面白がってコメントが集まる様子

みんな書いてくれたんですよ。「だぴょん」って。なかに

は「ぴょんぴょん」とか「ぴょ、ぴょ、ぴょ、ぴょ、ぴょん 吉また来て大吉〜」なんてプラスアルファで書いてくる人も。

でもこれ、楽しい気分になってきませんか？

みんなのコメントに釣られて、コメントする人たちもどんどん増えていきました。

ほかにも〈参加希望の人は「さささ参加希望」と書いてください〉とか、〈「ししし詳細希望」〉など（我ながら意味わからん！）、こういうのを結構やるんですよ。

そうするとみんな積極的に書いてくれます。


これはどういうことかというと、

**「自由に遊んでもいいんだよ」**

というメッセージを暗に伝えているのです。

その上で、**「遊び心がビジネスを作る上ですごく重要」**という話をするので、みなさん「なるほど」とすごく納得してくれるんです。

要は面白くないと盛り上がらないからなんです。

ただ学べるだけじゃなくて、ちょっとした楽しみがあったり、自己表現ができたりしないと、活発化しません。

そういう雰囲気を、こうしたちょっとした呼びかけで作ることができるのです。

すごく簡単なので、これもぜひマネしていただきたいポイントです。

# 5 参加している人にとっても コミュニティは「自己表現」の場

　僕が大事にしているのは、**観ている人にも「自己表現」できる機会を提供する**ということです。それがまさにコミュニティ内での投稿です。

　たとえば、僕の有料コミュニティ「B-School」のメンバーでエンジニアの三村浩さんという方がいます。ある日、彼は自分の復習も兼ねて、コミュニティでの勉強会の内容を1枚のスライドにまとめて投稿しました。

　すると他のメンバーから「めっちゃわかりやすい！」と評判になり、勉強会の後には、彼が作る1枚スライドが投稿されることをみんなが楽しみに待つようになりました。

　面白いのは、**この1枚スライドがきっかけで、自社のコンテンツを1枚スライドにしたいのでサポートしてほしいという仕事の依頼が舞い込んだこと**です。

　もともと無報酬で、自分やみんなのためにやったことがきっかけで、やがて新しいビジネスとしてのサービスが生まれる。これもコミュニティ活用の醍醐味といえるでしょう。

　どうすれば、こういう独創的な投稿が生まれるのでしょうか？

　それは僕自身が自己表現しているからです。

前の項の〈参加希望だぴょん〉も立派な自己表現だと思います。だって普通に〈参加希望と書いてください〉と言えば、用はすむからです。

　そうじゃなくて、あえてハメを外して見せることで、「あ、ここはハメを外していいんだ」と理解して、自由にコメントや投稿をしてくれるようになる。

　**自由の場にしか自己表現は生まれません。だから、個性的なコメントは、自由であることのバロメーター。**そして、コミュニティを活性化させる原動力になるのです。

# 6 「名前を呼んでコメントを返す」を徹底する

　ここまでいろいろ書いてきましたが、実はコミュニティづくりのための最大の秘訣(ひけつ)があります。

　それは**「名前を呼んでコメントを返す」**ことです。これがしっかりできていないと、人そのものが定着してくれません。

　来たコメントの全部を拾うのは最初から「やろう」と決めていた僕のポリシーです。今も、コメントが300件来ようが600件来ようが、全部読み終わるまでライブはやめません。

　だから平気で2時間とか2時間半とかかかってしまいます。普通のライバーさんはここまでやりません。終了時間になったら終了です。

　コメントを全部拾うというやり方は、僕が元祖です。

　観ている人にとっても、コメントをすべて拾うのは衝撃だったと思います。だけど僕はやりました。

　なぜなら、**コメントは観ている人の自己表現**だからです。ライブは一方通行じゃない、お互いに表現しあうコミュニケーションの場だから、すべてのコメントを読み上げるんです。

　ちゃんとこっちも見てますよ、と。

　600件のコメントを読むという行為は、12秒に1回ずつノンストップでコメントを読み続けないと2時間で終わりませ

ん。しかも、プラスアルファで二言、三言、いえ四言ぐらい話しかけます。

たとえば「Aさんありがとうございました」だけで終わるのではなく、「Aさん、最近始めたライブ配信は慣れてきましたか？」といったふうにです。

## 呼ぶ名前はかならず「ニックネーム」で

そして前項でも出た**ニックネーム**です。

1回来た人たちのニックネームはすべて覚えているので、2回目に来た時にニックネームで呼ばれた人はみなさんびっくりされます。

実はこれ、デール・カーネギーの名著『人を動かす』に書かれている大原則の1つ「名前を覚える」と同じことなんです。

**名前を呼ばれることで、人は自己承認欲求がものすごく満たされるからです。**

## コメントはその場で返すのが鉄則

さらに「コメントをその場で返す」というのは、ライブ配信ならではです。

たとえばラジオはハガキを書いてから1週間、メールでも1日、早くても1時間はかかるでしょう。

だけど、ライブ配信のコメントは、ライバー自身がリアルタイムで見ることができ、すぐにリアクションすることができきます。

　書いて数秒後に「Ａさん、いつもありがとうございます。この質問いいですね」なんて話しかけられたら、絶対嬉しいはずです。

　**しかも、ほとんどリアルタイムの会話なので、一体感が生まれて、同じ部屋で会話しているような感覚になるのです。**

　つまり、大勢の人がパソコンやスマホの画面上で、同じ時間を共有できる。

　このように、ライブ配信とは、観る人にとってもものすごくエキサイティングな体験なのです。

第4章の内容についてさらに詳しく知りたい読者はこちら！
赤城良典がとことん解説します（動画）

# Q & A 1
コーナー

ここまで読んできて、みなさんがおそらく疑問に思っているであろうことについて、聞かれる前に先取り回答。名付けて赤城良典の勝手にQ＆Aコーナー！

Q Facebookページは個人名がいいとのことですが、会社が行う場合もそうですか？

## A はい、そうです。

自社の商品やサービスを売り込む目的でFacebookページを作っても構いませんが（というか、そのためのページです）、ページ名は個人名で作ることをおすすめします。

理由はすでに書きましたが、ニュースフィードに流れてきた時に「広告か」とスルーされず、読んで面白ければシェアされやすくなるからです。

ライブ配信はその人の「素」が出るので、「この会社にはこんな面白い社長（社員）がいるのか！」と話題になり、結果的にリクルートの場にもなると思います。

Q そもそも「世界観」とはどういうことでしょうか？

**A 世界観とは自分が大切にしているコトやモノです。**

　僕の世界観はずばり「家族第一」です。

　だからビジネスの話をしても、「それより大事なものがある」というスタンスなのです。僕のライブに集まる人たちは、そのスタンスに共感してくれている人たちということになります。

　**この「世界観」がないと仲間はつくれません。世界観の共有があってはじめて人と人は仲間になれるからです。**

　世界観は人それぞれでしょうが、最も共感されないのは「自分の利益」だけを主張することです。たとえ集まってきたとしても、実りのあるコミュニティにはならないと思います。

Q 何らかの理由でライブ配信をやめなければならない時はどうすればいいですか？

**A また始めてください。**

　**大事なのは、毎日じゃなくてよいので、コンスタントに行うことです。1ヶ月に1回でもいいのです。いったんやめても、もう1回始めればいい。** 2ヶ月休止して、リニューアル

したら人気が爆発した人もいます。

　とにかくやってみることです。

　それだけでも貴重な経験になるのですから。

ライブ配信で
集客する

# 1

## 集客にめちゃくちゃ有利な Facebook の攻略法

さて、この章からは、いよいよライブ配信によるマネタイズの核心部分に迫っていきます。

最初のテーマは「なぜ、ライブ配信は集客に有利なのか？」。つまり Facebook ページの活用法の話になります。

まず基本として押さえてほしいのが、Facebook におけるビジネス攻略法が、個人アカウントから、〈Facebook ページ〉を活用したものに変わってきているという事実です。この本でもすでに何度も触れていますが、大事なことなので改めてご説明します。

## 今は Facebook ページが
## ライブ配信の主戦場

〈Facebook ページ〉がライブ配信の活動のメインとなっている理由は、Facebook のアルゴリズムが変化しているからです。

個人アカウントの発信力が弱くなってきている一方、〈Facebook ページ〉の発信力が逆に強まっています。しかも Facebook ライブを行うとさらにその発信力が高まります。

発信力が高まるということは、より多くの人に観られると

いうこと、つまりリーチ数が増えることを意味します。リーチ数が増えれば観にきてくれるお客さんも増えます。

　だから、今Facebookで集客しようと思ったら「Facebookページでのライブ配信」ということになるのです。

　**ちなみにこれは、僕が2年以上ライブ配信をやり続けた結果から独自にデータ分析して導きだした結論なので、一般には流通していません。**

　だからネットで検索しても、出てこないはずです。

## Facebookページの
## 歴史的変遷

　ではなぜ、個人アカウントの発信力が落ちて、Facebookページの発信力が上がるという現象が起こっているのでしょうか？

　**実は「Facebookページ」の発信力のほうがもともと強かったのです。**

　その証拠に、2015年前後にFacebookページが話題になったことがあります。それは英語圏のFacebookの話なのですが、Facebookページの発信力が強くなりすぎて、個人のニュースフィードがFacebookページで侵食されてしまったのです。

　これには世間から非難の声が浴びせられました。「コミュニケーションツールなのに、企業の売り込みネタしかニュースフィードに出てこないじゃないか！」と。

さすがにこれはまずいということで、マーク・ザッカーバーグ氏は Facebook ページのパワーを落としたのです。

　だから今は、Facebook ページの存在そのものが希薄なのです。

　実際、僕がライブ配信を始めた 2019 年頃、「Facebook ページ活用」や「Facebook ページ作成」と検索しても、2016 年、2017 年の情報しか出てきませんでした。

　もはや Facebook ページは「Facebook 広告を出す時に必要なぐらいだよね」程度の存在感になってしまって、長らく放置されてきたのが実情です。

　そのかわり、日本で盛んになったのが個人アカウントで限度数いっぱいの 5000 人の友達を集めて、アメブロや YouTube などに誘導するという方法です。個人アカウントでイベントなどを告知すれば容易に集客できた時期がありました。

　でも、最近は「何かちょっと変わってきた」と思い始めている人が増えています。「なんか反応が鈍ってるぞ」と。

　その理由に僕はある日、気づいてしまいました。

# 集客するだけならウェブサイトより Facebookページで十分な理由

　では、Facebookの個人アカウントでは集客できなくなってしまった理由はどこにあるのでしょうか？

　僕はFacebookページの〈インサイト〉情報をつぶさに分析してみた結果、その理由がわかりました。

　Facebookページの〈インサイト〉では、Facebookページの投稿がどれくらいの人にリーチして、どれくらい見られ、どれくらいのエンゲージメント（いいね！・コメント・シェア・クリックなどのリアクション）があったのかといった情報をすべて知ることができます。

　それらのデータを一つずつエクセルデータに手作業で落とし込み、チェックしていったのです（こんな手のかかることをやっている人はあまりいないと思います）。

　その結果、以下の式を見つけました。

**発信力＝**
**Facebookプロフィール＜Facebookページ＜Facebookライブ**

　実際にFacebookライブを行った時のリーチ数が、他のも

のよりも飛びぬけて多かったのです。

　そもそも、個人アカウントはせいぜい「いいね！」がいくつ付いたかしかわかりません。

　しかし、Facebook ページではリーチ数はもちろん、エンゲージメントの内訳、否定的な意見（投稿を非表示にしたり、いいね！を取り消したなどのリアクション）も一目瞭然。それをつぶさに分析すれば、さまざまな方策が見えてきます。これだけでも Facebook ページが、より多くの人に見られるために作られたサイトであることがわかります。

　僕のリサーチした範囲では、**アメリカのビジネスシーンではウェブサイト（ホームページ）を作らない人が増えています。なぜなら Facebook ページがウェブサイト代わりになるからです。**

　ウェブサイトを作っても「どうせ都合のいいことしか書いていない」と思われるに違いない、だったら Facebook にいろいろな情報を投稿して、そこから自由に判断してもらったほうがマシだという考え方です。

　実際、拡散することだけが目的なら、ウェブサイトは作らずに Facebook ページだけを使うのは正解です。

　ウェブサイトの場合は、SEO 対策をしっかり行っても、集客できるまで相当時間がかかります。いくらでも時間をかけていいのなら構いませんが、その労力に見合うだけの効果を果たして得られるでしょうか？

# 考え抜かれたプロフィールで理想の顧客だけ引き寄せる

**マグネットプロフィール。**

聞き慣れない言葉だと思いますが当然です。

僕が考えた言葉だからです。

なぜマグネットという言葉を使っているかというと、ライブ配信のプロフィールには磁石のように人を引きつける作用と、逆に引き離す作用の両方があるからです。

どういうことでしょうか?

詳しくご紹介していきましょう。

## プロフィールで「顧客を引き離す」ことも大切

まず僕のライブ配信中の画面をご覧ください。

画面の下にプロフィールがありますが、**基本的にライブ配信中は常時表示しています。なぜなら初めて観た人でも、僕がどんな人間かわかるからです。**

文字数は63文字ですが、赤城夫婦とは何者かが、ギュッと凝縮されています。

要はライブ配信を〈499回を超える〉ぐらいたくさんやっていて、〈172万人に届ける〉力を持っている人間だということ。さらに〈オンラインスクール〉のプロデュースもやっていることがわかります。

**これを見れば、ライブ配信に関心がある人、オンラインビジネスをやりたいと思っている人はビビっとくるはずです。**

その一方で、ビビっとこない人もいます。

たとえばリアルな対面サービスについて知りたい人、オンラインスクールに興味のない人は、このプロフィールを見た段階で立ち去るでしょう。

でも、それでいいんです。僕は単に視聴者数を増やしたいわけではありません。

大事なのは、「世界観に共感してくれている人がどれだけ観てくれているか」ということただ一点。世界観に共感してくれない人は、むしろ最初からご遠慮願ったほうがいい。僕にとっても観ている人にとっても時間の無駄ですから。

　だから、**みなさんはプロフィールというと「引きつける」ことばかり考えがちですが、むしろ「引き離す」ことも大事なのだと心得てください。**

　それが逆に、理想のお客さんを引きつけることにつながるからです。

## マグネットプロフィール
## 作成の3つのポイント

　マグネットプロフィールに関しては、〈Facebook ページ〉のプロフィールについても同じことが言えます。

　Facebook ページから「ページ情報を編集」をクリックし、「一般」の「詳細」にプロフィールを入力します。最大 255 文字のプロフィールを書き込むことができると書かれていますが、実際は 92 文字しか入力できません。

　さらに詳しいプロフィールを書きたい場合は、Facebook ページの「ページ情報を編集」をクリックし、「その他」の「その他の情報」に入力してみてください。とりあえず僕の Facebook ページのプロフィール文を見てください。

〈赤城夫婦 プロフィール〉
**24 時間 365 日働く分身「オンラインセールスマン」を作り出すことで、安定収入と時間の自由を手に入れる「自動化オンラインビジネス」を提唱。著者・コーチ・コンサルタントのオンラインスクールのプロデュースも行う。**
**視聴者ゼロから始めた Facebook ライブは 180 万人に届くようになり、アドバイスを求める人が急増。**
**主宰する「ライブ配信研究会」は会員数 1450 名を超え、日**

本最大級のライブ配信コミュニティに成長し、ライブマーケティングの第一人者として注目を浴びている。

　短くまとめたライブ配信用のプロフィールに肉付けしてより詳しく説明したという感じですね。

　では、具体的にどのようなことを書けばよいのでしょうか？

　ポイントは３つあります。

## プロフィールの必須要素①　ポジション

　**どの分野でナンバーワンか**というものです。僕の場合は〈ゼロから180万人になった〉と〈日本最大級の1450名を超えるコミュニティを運営〉がそれにあたります。みなさんもそれぞれ、「これは１番だ」と誇れる分野を書いてください。

## プロフィールの必須要素②　メリット

　**「この人と関わることでどんな得があるか」ということ**です。僕の場合は〈オンラインスクールのプロデュース〉を行い、〈24時間365日働くオンラインセールスマンを構築すること〉により〈安定収入と時間の自由を手に入れることができる〉ことがメリットです。あなたはお客さんにどんなメリットを与えることができますか？

## プロフィールの必須要素③ 実績

「①ポジション」と似ているのですが、要は**「あなたが誇れること」**です。1番ではないけど、こんなことを達成した、ここが誇れるということを書いてください。

　僕の場合だと〈ゼロから始めた……〉ですね。つまり「無」から「有」を作り出したということも立派な実績です。

**　この3つを書き込むと、非常にパワーのある「マグネットプロフィール」になります。**うまく書けない時は、章末のQRコードの動画を参考にしてください。

マグネットプロフィール作成の3つのポイント

ポイント①◀ **ポジション**
どの分野でナンバーワンか？

ポイント②◀ **メリット**
あなたと関わることでどんな"得"があるか？

ポイント③◀ **実績**
あなたが誇れること

# 5

## Facebookのアルゴリズムを攻略する

**Facebookライブを優遇するアルゴリズムを活用すれば、知名度が低いSNS弱者でも影響力を高めて強者になれる。**

なぜそう言い切れるのか？

その裏付けを詳しく説明していきます。

前提として、多くの人に知ってもらうことがビジネスをする上で最初に重要になってくることを、理解しておいてください。**どんなにすばらしい商品やサービスを用意しても、誰にも知られなければ売れないからです。**

## 広告費ゼロで見込み客リストを獲得する

では、商品やサービスを知ってもらうためにはどうしたらいいのか？　一般的なのは「広告」を使うことですが、広告にはもちろんお金がかかります。

たとえば、Facebook広告でお客さんのメールアドレスや名前のリストを1つ獲得したいと思ったら、安く見積もっても1件につき1000円はかかります。つまり1000人の顧客リストを得るためには100万円かかるということです。

**一方、僕の場合、リスト1件の獲得単価はゼロ円です。**

たとえばライブ配信研究会のメンバー向けに勉強会を開催すると、1回あたり100〜150名ほど参加してくれます。そのために必要なことはFacebookグループ内で勉強会を開きますという投稿を行うだけ。

　**もちろん広告費は一切使わずに。**

　**こんなビジネスモデルは他にありません。**

　だから**弱者のためのビジネスツール**と言っているのです。

## ライブ配信で「ひいき客」を育てる

　僕が推奨するコミュニケーション型のライブ配信は、世界観を理解してくれる仲間を増やすのが目的です。

　たとえば、SDGsの目標を叶えようとするビジネスは価格で勝負することは難しいです。しかし、**大切にしたいこと（＝世界観）**を通じて応援してくれる人を増やすことはできます。

　ライブコマースで「安いよ！　お買い得だよ！」と叩き売りされている商品を衝動で買うのとはわけが違うのです。

　もちろんライブコマースをすればある程度は売れるでしょう。でも、**LTV（Life Time Value ＝顧客生涯価値）**は低くなりがちです。なぜなら、価格以外で勝負できないからです。

　でも、コミュニケーション型ライブ配信はLTVがすごく高い。なぜなら、お客さんは商品ではなく、その商品を扱っている人物の世界観に興味があるから。その想いやメッセー

ジに共感するからです。

　「プロジェクトX」や「プロフェッショナル」を個人レベルでやっているようなものです。

　**これまでの「商品を売る」という発想では、〈ひいき客〉は付きません。**

　これからはよく利用してくれる常連のお客さんである〈ひいき客〉をどう育てていくかが生命線だと僕は思います。

# 6

## 客が客を呼ぶ「UGC」の法則

　コミュニケーション型ライブのよいところは他にもあります。それは、「お客さんがお客さんを呼んでくれる」ということです。

　なぜなら、「共感」したお客さんが、「もっと人を呼んでこよう」と積極的にシェアして拡散してくれるからです。

　さらには実務面でも積極的にサポートしてくれたりします。たとえば、これまで行ったライブのコンテンツを一覧表にまとめてくれた人もいました。もちろん謝礼なんて求めません。その方はみんなに喜んでもらいたいからやる、やりたいからやる、ただそれだけです。だからこそ熱心で、文字通り仕事以上の熱量でやってくれるのです。

　**こういう人は逆にお金で雇おうと思っても見つかりません。**

　こんな人たちがボンボン出てくるからライブ配信は面白いのです。そして勝手に仲間を増やして拡散してくれる。そのマーケティング効果はとてつもなく高い。

　最近、「**UGC**」という SNS マーケティング用語が注目されています。UGC は User Generated Contents の略。日本語では「ユーザー生成コンテンツ」あるいは「ユーザー目線のコンテンツ発信」と呼ばれていて、要は"**人は口コミで物を買**

う”という意味です。

　なぜ、人は口コミで物を買うのかというと、ユーザー（友人）が生成したコンテンツ（口コミ）には信用があるからです。「この人が言うのだから嘘はないだろう」と感じるからです。だから、それを選択の基準にして購入している人が多いんです。

　だからもし、赤城夫婦のライブについて、

「赤城夫婦のライブ配信は役に立つよ」
「赤城夫婦のライブはめちゃくちゃ盛り上がるよ」

　というUGCを発信してくれる仲間が100人いたらどうなるでしょうか？

　とてつもないパワーを発揮すると思いませんか？

　その根底にあるのは、「この人は本当のことを言ってくれる」という信用です。**この信用を勝ち取るためには、編集で嘘をつけないライブ配信がピッタリなのです。**

# 7

# StreamYardで
# 個人放送局を作れ！

　ライブ配信で仲間を作るには、配信中に一体感を醸し出すことが重要です。そのための強力な武器になってくれるのが**「StreamYard」**という配信ツールだということはすでにお伝えしました。

　たとえば、僕のライブ配信では視聴者が投稿したコメントを画面上に表示させることができます。これは StreamYard の機能の一つです。ただコメントを書いてくれた方の名前を呼ぶだけより、画面に名前とコメントが出るほうがコメント内容もわかり、一体感も高まります。

　他にも、テロップやスライドで画面を装飾したり、動画を映し出したり、まさに**テレビ番組のようなライブ配信**が簡単にできてしまう便利なツールです。

　いわば、あなただけの個人放送局です。

　StreamYard は、Facebook に限らず、Twitter や YouTube などさまざまなプラットフォームに生配信することができます。

　無料で使えますが、月 2500 円（年払いなら月 2000 円）のベーシック会員になれば、時間無制限で 3 つまでのプラットフォームに同時配信できます。

　これを使って、視聴者からのコメントを表示しながら読み

上げる。しかもすべてのコメントを残さず読み上げるというスタイルを行ったところ、とても斬新だったので、どんどん拡散していきました。

インスタライブや 17LIVE、SHOWROOM でもコメントは表示されますが、自動的に表示されて流れていってしまいます。

しかし **StreamYard は自分で表示させたいコメントを選び、かつ自分の好きなタイミングで表示させることができます。つまり自分でコメントのコントロールができるのです。**

視聴者も、自分のコメントを読み上げてほしいから一生懸命コメントしてくれます。ライブ配信の画面上に自分の名前もアイコン写真も出るから、名前と顔を売りたい人にはなおさら喜ばれます。

## コメントは「文化」を作り上げる
## ツールにもなる

人が集まるコミュニティには「文化」が生まれます。そのコミュニティならではの「お作法」のことです。

主催者が大切にしている世界観によって、またコミュニティでのコミュニケーションや集まっているメンバーによって、コミュニティの文化は変わります。

そのため、ライバーは自分が大切にしたいことを文化として育み、コミュニティに根づかせるための工夫をする必要があります。

僕の場合は、視聴者の参考になるコメントや世界観に合う
コメントに対して時間を長く取ることで、**「文化」**を作って
います。

　どういうことかというと、「赤城さんの世界観に合うコメ
ントは長く扱ってくれるんだな」とか、逆に「自分を売り込
むだけのコメントは短いんだな」ということがわかると、
「もっとみんなのためになるようなコメントをしたほうがい
いな」という方向に全体の意識が向かうのです。

　こうやって文化を育んでいくのです。

　そう、**StreamYard は個人で放送局を作ることができるだ
けでなく、コミュニティの独自の文化も作ることができるツ
ール**なのです。

# 8

## たった1年で大スター並みの影響力を手に入れる

　テレビの放送局のようなものが、ほとんど無料で、個人で作れるようになったというのは、ものすごく大きな時代の変化ですよね。

　**10年前、20年前に同じことをやろうと思ったら、機材をそろえるだけで軽く数百万円はかかったはずです。**

　だからこそ、デジタル環境のリテラシーやスキルはあるに越したことはありません。あったほうがいろいろとやりたいことができますし、無駄なお金をかけずにすむからです。

　**こうしたコストの面以上に、コミュニケーション型ライブは広がるんです。リーチ数がとんでもなく。**

　弱者がどうやったら強者になれるか、どうやれば自分を認知してもらえるか、真剣に考えたら、ただYouTubeをやる、Instagramをやる、Twitterをやるじゃダメなんです。

　自分が今どのポジションにいて、どの程度知られていて、どういうことを発信したくて、そのためには何を使ったら効果的に伝わるかを真剣に考えてメディアやツールを選ばなければいけません。

　「とりあえず流行（は）ってるからTikTok（ティックトック）や

ろう」では、成果が出るまでにものすごく時間かかってしまいます。

改めて断言します。

　**認知をとにかく今すぐ広げたいのなら、圧倒的にライブ配信が有利です。しかも今ならStreamYardを使ったFacebookライブ配信以外ありえません。**

　時間がかかってもいいならYouTubeもいいでしょう。ただし、YouTubeは芸能人も参入してきて、ものすごいレッドオーシャンです。煮えたぎっています。覚悟してください。

　僕は屋久島の海のようなブルーオーシャンで泳ぎたいですね。だからFacebookライブを選びました。そこは魚しか泳いでない、エメラルドオーシャンです。誰もいないに等しいぐらいの人しか今はやっていないからです。

　これはまさにチャンスです。

　どれくらいのチャンスなのか？

　たとえば、僕の今までの最高リーチ数は、2020年の8月1日に行った1周年記念ライブの**3万858リーチ**です。

　**これは歌手の氷川きよしさんが武道館で20周年記念ライブを3回公演やって動員した2万4000人を超える人数です。**

　それぐらいの人たちに、自宅からのライブ配信1回で届くということなんです。

当然、氷川きよしさんは大スターだから武道館に2万人以上を集めることができます。ところが、ライブ配信ならまったく無名の僕でも3万人に届くんです。

　しかもタダで。

**何度も言いますが、タダですよ！**

　タダで3万人集めるって、尋常ではないです。

**それができたのは、僕が氷川きよしさんみたいな芸能人だからではなく、Facebookのアルゴリズムを最大限に活用したからです。**

　氷川きよしさんほどの影響力を実際に手に入れようと思ったら、それこそ20年以上の芸歴や莫大（ばくだい）なお金がかかるでしょう。それでも手に入らないかもしれません。

　だけどFacebookを使えば、1年ほどでそれに近い影響力を手に入れることができるかもしれないのです。

　そのためには、まず現実を直視し、こうした圧倒的に便利で使える"武器"があることを知る。

　そしてそれを使ってみる。

　第一歩はそこからになります。

第5章の内容についてさらに詳しく知りたい読者はこちら！
赤城良典がとことん解説します（動画）

第5章　ライブ配信で集客する

第 **6** 章

ライブ配信で
マネタイズする

# 1

# 「売れる商品」も コミュニティ次第

第5章まで、いかにライブ配信で集客するかを伝えてきました。

さあ、いよいよここからが本題です。

**ライブ配信でどうやって売るか。**

いわゆる**マネタイズ**の話です。

まず、お聞きします。商品（あるいはサービス）が売れるための絶対条件は何でしょう？

答えは「**売れる商品（サービス）を作る**」です。

ニワトリが先か卵が先かみたいな話ですが、売れない商品は売れません。

よく実演販売の人が「川原の石でも売ることができる」と豪語していますが、それは巧みな話術をアピールするための宣伝文句で、実際に川原の石を法外な金額で売ったら詐欺です。やはり売れる商品やサービスは売れるなりの価値があるのです。

**「売れる商品やサービスが簡単に作れたら苦労しないよ！」**

こんな声が聞こえてきそうですが、作れるんです。

どういうことかって？

## ライブ配信ならその場で商品開発ができる

ライブ配信には、その場で商品開発ができるという大きなメリットがあります。

これがメールの場合、時差があるので、実際の会議のようにテンポよくインタラクティブにやりとりできません。

よくあるメーカーの商品開発では、モニターを集めてグループインタビューをすることが多いのですが、お金がかかる上に、本音を引き出すのは難しいです。全員お金をもらっていることもあり、よくないことは言いにくいですからね。

一方、ライブの場合、すぐに感想を聞けるし、お金が発生していないため、嘘のない消費者目線のフィードバックが得られます。売れる商品やサービスがどういうものか、すぐわかるのです。つまり、ライブを行いながらユーザー目線での商品開発ができるというわけです。

## 事前のテストマーケティングが無料でできる

これはモノだけでなく有料のセミナーやワークショップの内容を決める時にも役立ちます。

たとえば「マグネットプロフィール作成講座」という人気

講座があるのですが、これもライブ配信で生まれた企画です。

　最初は「自己紹介でファンを作る方法」という内容のライブ配信でした。

　ライブ配信が始まると、ある視聴者が「私のプロフィールを見てほしい」と、自分の自己紹介文をコメントに書いてきたんです。それで、僕がその場で見て、「実績がないから数値を入れて実績を加えましょう」とアドバイスしたら、その人は「わかりました」と再び訂正した文章をコメントに書いてきました。

　そうしたら、「え、これって添削してくれるライブなんですか？」と盛り上がってしまったのです。「いやいや違いますよ」と言っても後の祭り。ブワー！っと添削希望のプロフィールが次から次へとコメント欄に入ってきました。

　仕方ないから、それを添削しまくったんですけど、当日参加できなかった人たちからも「添削してほしかった！」との声が。

　だから「もう1回だけやります。プロフィールを用意しといてください」と仕切り直してやったら、今度は一度にプロフィールが100個来たのです。

　それに対しても2時間半かけてすべて公開添削したのですが、その時に思いました。「これ、有料講座にしたら喜ばれるかも」と。

　それで、**さっそく有料講座を開催したら、申し込みが殺到。**それが今の「マグネットプロフィール作成講座」です。

すぐにキャンセル待ちの大人気講座になったのは、**テストマーケティングを事前に無料でやったようなものだったからです。**

　しかし、これをやるためには、仲間をたくさん持っていないとダメです。この本でも事あるごとに「コミュニティをつくれ」と書いているのはこのためです。

　コミュニティの仲間というのは、それぞれがあなたの〈世界観〉をわかってくれて、かつモニター料などをもらっているわけじゃない、無償の仲間だからこそ本音も言ってくれる。

　つまり〈最強のブレストチーム〉なんです。

# オンライン会議よりライブ配信の
# ほうがブレストとして効果的な理由

　ライブ配信で売る極意のファーストステップは、〈ライブ
**をしながらマーケットリサーチができてしまう〉ということ**
でした。

　コメントはアイデアの宝庫です。僕のライブをメモしたり、
写メしたりしながら観ている人はたくさんいます。

　はっきり言って、オンライン会議よりも圧倒的にいいアイデ
アが出ます。

　なぜか？

　**ライブ配信は、観ている人にとっては、自分の顔が映らな**
**いから気が楽です。しかも好きなタイミングでコメントを書**
**き込めます。**

　**だからアイデアが無尽蔵に出てきます。**

　普段とコメントではキャラが違う人もいっぱいいますよ。

　オンライン会議や対面ではまったくしゃべれないのに、
「他人のことを意識しなくていいし、赤城夫婦さんはコメン
トを全部読んでくれるからコメントしやすい」と言ってくれ
た人もいます。

　その人はコメントすること自体に快感を覚えて、積極的に
コメントしてくれます。

だから実際に、オンライン会議をライブ配信でやったらいいぐらいに思っています。

　具体的には、グループ限定ライブにして、メインの人だけが画面に映ってファシリテートする。他のスタッフはそれに対して好き勝手にコメントする。

　顔が映っていないからアイデアを出すことに集中できますし、誰かが書いたコメントについてさらに建設的なコメントを上乗せしていくこともできる。

　どんどんアイデアが枝葉のように広がっていくはずです。マインドマップを全員参加で作っていくようなものです。

　**コメントはライブ配信が終わった後も残りますから、振り返りも簡単です。**

　「この課題に対するコメントはすごく盛り上がってるな。よし最重要課題にしよう」などと、いいヒントが見つかるはずです。

# 3

## 自分たちでマーケットを作る
## 新しい関係性

　商品やサービスを作って売る人の思考として一般的なのは、
「こんな商品やサービスを作れば消費者は喜んでくれるの
ではないか？」ということではないでしょうか。

　同じような意味として「お客さまに寄り添った商品やサー
ビスを」という言葉もよく聞かれます。お客さまとはすなわ
ち市場、マーケットです。

　ところが、ライブ配信による商品開発においては、「これ
が喜ばれるんじゃないか？」という推測ではなく、**すでに消
費者が「買いたい」「欲しい」と意思表示している、絶対に
外さない商品やサービスを作ることが可能です。**

　実はこれ、消費者にとっても大きな改革です。

　これまでの消費行動は、企業側からトップダウンで降りて
きた、つまり与えられたものしか買えない一方通行のもので
した。

　しかし、**ライブ配信なら、自分たちが欲しいと思ったもの
が商品化され、それを買うことができる。**

　当然嬉しいから、他の人にも積極的に勧める。

　こうなるとお客さんも、もはや開発の側の人間です。

　自分たちで作って、自分たちで買う。これは、マーケット

に寄り添うというより、**むしろ自分たちでマーケットを作ってしまう、ある意味、消費行動の大転換です。**しかも在庫ロスが発生しにくいので、環境にもやさしい。

こういう消費行動に慣れてしまうと、もう押し付けられた商品には手が伸びなくなるのではないでしょうか。

このように、顧客ではなく、一緒に開発も宣伝もしてくれる「仲間」を作っていくということは、今後の日本の企業にとっても重要になってくると僕は考えています。

## 消費者の本音を
## コミュニケーション型ライブでつかむ

すでにアメリカの企業では、SNSで消費者とコミュニケーションを取ることだけを専門的に行う〈**カスタマー・サクセス・マネジャー**〉という職種が増えています。

カスタマー・サクセスというのは顧客の成功のために役割を果たすという意味です。

これまでの「売り切り型」ビジネスと違い、サブスクリプションのような継続的にお客さんとの関係をつくっていくビジネスが重視されるようになりました。

お客さんといい関係を継続していくために何をする必要があるのか。それを考えて行動することが重要になったのです。

夫婦関係とよく似ているかもしれません。

これまでの「売り切り型」ビジネスは、嫌ならさっさと別れて次の人を探すというマインド。一方、〈**カスタマー・サ**

クセス〉は、ずっと幸せな関係でい続けるために、相手のリクエストに応えたり、改善したり、一緒に成長していこうというマインド。

今は後者が求められている時代です。

こういう考え方はSDGs、いわゆる持続可能な社会づくりというテーマに敏感なミレニアル世代（1981〜1995年生まれ）や、物心ついた時からパソコンやスマホ、高速インターネットなどがあるZ世代（1996〜2012年生まれ）にとって、受け入れやすい考え方です。

これからは、「何に悩んでるのですか？」「どこが困っていますか？」と聞いて、それをお客さんとやりとりしながら解決する物やサービスを提供するという売り方が主流となります。

ところが、なかなか消費者と対話して本音を引き出すのは難しい。

でも、ライブ配信なら、簡単にできてしまうんです。

僕が提唱するコミュニケーション型ライブなら、「何に悩んでますか？」とコミュニケーションしながらニーズを把握していくことが容易にできるのです。

# 4

## マネタイズに必要な「フィルタリング」とは？

**"登録者数は 20 万人ぐらいいるんだけど、ほとんど機能していないゾンビコミュニティ"**

　企業の SNS によくありますよね。
　これ、**ライブ配信をすれば息を吹き返らせることができます**。メンバーに〈ライブを観る〉という「行動」を促すことができるからです。
　実際にライブを観にきた人、コメントをしてくれた人が「生きた会員」ということになります。
　企業の Facebook ページも同じです。
　とにかくたくさんライブ配信をして、より多くの人に認知してもらう。
　つまりお客さんを多く集めるということです。
　その人たちは **「生きたお客さん」** です。

## 見込み客をフィルタリングする方法

　しかし、全員が「買ってくれるお客さん」かどうかはまだわかりません。

そこで重要なのが「フィルタリング」です。

具体的には、より興味のある人たちをセグメントしていきます。ビジネスである以上、お金を払う人とお金を払わない人をどこかで分けなければいけません。

実はここがすごく重要で、それをしないでずっとFacebookページで大勢の仲間たちを相手にライブをやっていても、それは趣味の範疇です。ただの面白いライバーです。

稼げるプロのライバーになりたいのなら、マネタイズポイントを明確にしなければなりません。そのためにはまず、**アクティブな人＝お金を払ってくれる可能性がある人が何人いるのかを把握する必要があります。**

そのための仕掛けとして、「Facebook グループ」が有効なのです。

僕はこの「フィルタリング」をミルフィーユのように「五重構造」にしています。


①ライブ配信〈無料〉
↓
②ライブ配信研究会〈無料〉
↓
③勉強会〈無料〉
↓
④B-School〈有料〉
↓

⑤個別コンサルティング〈有料〉

　このようになっています。

　先に進むほど、単価も上がっていきますが、僕がかける時間やエネルギーも増えていき、信頼関係も深くなっていきます。
　最初は無料の「ライブ配信研究会」から始まり、さらに無料の「勉強会」、その次に初めて〈有料〉の「B-School」という設計になっています。
　**勉強会まで参加してくれた人はアクティブ、つまりお金を払ってくれる可能性がある人だと判断できます。**
　つまり、本気度を「ふるい分け」することができるのです。
　僕が主宰する「ライブ配信研究会」というグループでは、現在、メンバーは1400人くらいいますが、参加するためにはいくつかの質問に答えてもらう必要があります。さらには単なる宣伝目的の人は定期的に排除しているので、その1400人は純粋にライブ配信に興味を持っている人だといえます。

## じらした先にある「奥座敷」方式

　さて、ここからが肝心です。
　僕は、そこからさらに本気度を「ふるい分け」します。

「ライブ配信研究会」グループの中で、定期的に限定ライブや勉強会をするのですが、当然ながら全員は参加しません。参加するのはせいぜい100人から150人ぐらいです。でも、それでいいのです。なぜなら、その人たちは本気の人たちだからです。

　その本気の人たちに初めて有料の「B-School」の案内を出すのです。すると、そこからさらに本気の度合いに応じて、何人かが実際にお金を払って申し込んでくれます。

　**ここが最初のマネタイズポイントです。**

　なぜ、ここまで引っ張るのか？

　**興味がない人たちに説明しても、単なる売り込みに思われてしまうからです。**

　この、〈興味のある人たちだけ次の間にご案内する〉というプロセスを、僕の住んでいる京都にちなんで**「奥座敷」方式**と呼んでいます。

　「買ってください」「入ってください」とは一切言いません。**お客さんに対してあらゆる「お願い」は禁句です。**これを言ってしまうと、消費者と提供者のバランスが崩れてしまうからです。

　理想は、お客さんから**「お願いだから買わせて！」**と言ってもらうこと。

　これができると、セールスの努力はほぼゼロになります。

　本当は喉から手が出るほど「買って！　お願いだから！」と言いたいんですけどね（笑）

まさに「究極のやせ我慢」です。

　だけど結果はすごいですよ。「ようやく赤城さんにお金を払えて嬉しいです」なんて言われますから。

　本気度が高ければ高いほど「買いたい」という衝動は増します。

　「究極のやせ我慢」は「究極のじらしテク」でもあるのです。

# 5
## 究極のじらしテクは「デパ地下の試食コーナー」に学べ

「どうやったら、お金を払えるんですか?」
「もう頼むから、お金を払わせてください」

こんなことまでお客さんに言わせる究極のクロージング法。それが「奥座敷」方式です。

ふさわしい人だけが**奥座敷＝有料オンラインコミュニティ「B-School」**に案内してもらえるからです。その前の段階の「ライブ配信研究会」で積極的にコメントしたり、イベントに参加したりということがないと案内状は届きません。

だからみなさんこう言います。「ようやくもらえた!」と。「あの伝説の"入れないコミュニティ"の案内が来た」と言って歓喜してくれるんです。

ただし、どんなにじらしても、最終的に誰も入りたくないと思われたら意味がありません。どうすれば「いくら払ってでも入りたい」と思ってもらえるのでしょうか。

そのコツの1つが**「価値を全部出しで提供し続ける」**です。

## 返報性の法則を働かせる
## 「デパ地下の唐揚げ」

　無料ではとても釣り合いのとれない有益なサービスや情報を与えられ続けると、「何かお返しをしなければ」と思ってしまう人間の心理があります。

　これを「返報性の法則」と言います。

　実はこの法則をうまく活用したビジネスが私たちの身近なところにあります。

　それは**デパ地下の惣菜の試食コーナー**です。

　先日も僕がデパ地下の食品売り場を歩いていたら、「こちら、どうぞー」と楊枝に刺された唐揚げを差し出されました。タダだからつい受け取って食べてしまったのですが、もうそれだけで僕は「タダでもらうのは申しわけない。お礼しなきゃ」と無意識に思ってしまいました。

　まさに術中にハマったわけです。しかもそこそこおいしい。そうなると買わない理由はありません。

　「じゃあ1パックください」となってしまったのですが、その販売員さんがすごいのは「2パック買ったら10%引きにしますよ」と言ってきたこと。思わずもう1パック買ってしまいました。

## 「無料」「タダ」は破壊的なパワーを持つ

　ここでのポイントは〈無料であること〉です。

　もし、唐揚げが仮に５円だったらどうでしょう？

　唐揚げ１個５円は安いですが、別に食べたくもないものにお金は払いたくありません。

　しかし、無料の物に対しては無条件で受け取れてしまいます。

　路上のティッシュ配りもそうですよね。「ティッシュ１袋１円です」と言っていたら、受け取るでしょうか。受け取りませんよね。よほど花粉症で困っていれば別ですが。

　結局、デパ地下では、無料の唐揚げ１個をきっかけに、最初は買うつもりがなかった唐揚げを２パックも買ってしまいました。

　「無料」「タダ」というのは、それだけすごいパワーがあるのです。

　もちろん無料だからといって唐揚げがおいしくなかったら誰も買いません。当然それは売り物だからおいしい。本来タダで食べられるレベルのものではないんです。

　僕のライブ配信もこれとまったく同じで、本来無料ではとても得られない貴重な情報を〈全部出し〉しています。それを惜しげもなく無料ライブで流すから、「タダでは申しわけない」という心理が働くのです。

ネットでさんざん言われてきましたよ。

「有料セミナー級の講座をライブでタダでしゃべっている
ぶっ飛んだ人がいる」と（笑）

でも、こんな書き込みが Facebook 上に氾濫しました。

**「あれ、絶対見とかなきゃ損だよ」**
**「中途半端なセミナーや講座に申し込むぐらいなら赤城夫**
**婦の無料ライブ観たほうが役に立つよ」**

そうした噂がどんどん広まって、どんどん人が集まってき
たのです。

# 6
## 情報は惜しみなく
## "全部出し"で与えるべし

**「有料レベルの情報を無料で提供し続けること」**

こう言うと決まって同じことを聞かれます。

**「全部タダであげちゃったら、誰もお金を払って買わなくなっちゃうんじゃないですか?」**

　もちろん唐揚げを1個だけでなく、10個も20個もあげちゃったらそうなるでしょう。「もうお腹いっぱいだから買わなくていい」と。

　だけど僕の売っているものは「ノウハウ」です。ノウハウは身についてこそ意味があるものです。

　どんなに「AはBだ。だからCをすればいい」と知識を説明しても、それだけでは実践できません。ビジネス書コーナーに並ぶノウハウ・スキル系の新刊がいつまでたってもなくならないのはそのためです。

　知識だけでビジネスがうまくいくなら、ビジネス書が数冊あれば足りるからです。

　しかし、本当に使えるノウハウを身につけるには、的確な

フィードバックが必要です。間違いを修正してもらい、ライバルと切磋琢磨していく必要があります。

結論を言ってしまえば──

「知識だけなら全部伝えても問題ナシ」なのです。

むしろ、ある程度知識を得たほうが「ああ、この先はお金を払って手取り足取り教わらないと身につかないぞ」と気づくはずなのです。

まるっきり知識のない人に「質問は？」と聞いても「何を聞けばいいかわからない」となるのと一緒です。

普段、僕はライブ配信のノウハウをライブで教えています。アーカイブもたくさん残っているから、一通り見ればなんとなくできそうな気がします。

でも、いざやってみると、なかなかうまくできない。

そこに気づいてもらうには、まずは情報を与え続けなければならないのです。

ロシアの文豪トルストイは「愛は惜しみなく与う」と言いました。ならば僕はこう言いましょう。

「情報は惜しみなく“全部出し”で与える」

どうですか？
あなたは惜しみなく与えることができますか？

# 7

## 面倒なことは24時間365日働く PR・セールスマンにおまかせしよう

　ようやく自分の商品やサービスに「お金を払いたい」という人が現れました。次はその人に、しっかりと商品やサービスを届け、お金を払ってもらえる仕組みを作ることが大切です。

　僕はなるべく、こうした作業はテクノロジーに任せるようにしています。

　僕のライブ画面にはQRコードが表示されていますが、これを日本で最初に行ったのはたぶん僕だと思います。

　QRコードをスマートフォンで読み込むと、「Teachable（ティーチャブル）」というオンラインスクールのサイトに飛びます。

**Teachable**
**https://teachable.com**

　ここで無料の「Facebookライブ入門講座」の申込みを行うと、自動的に有料の「Facebookライブ実践講座」の案内が届くようになっています。

　ですから、僕がやることは、たくさん人を集めてくること

だけです。あとはシステムで全部組んであるので、一切セールスをしなくていいのです。

さらにはクレジット課金とコンテンツの納品も一括でできるようになっています。

つまり、申し込みから集金と納品までを手放しでできるわけです。

それまではたとえばPayPal（ペイパル）みたいなクレジット決済をした後、手動で会員システムのログインIDとパスワードをメールで送ったりしていました。

だから、金曜日の夜に申し込みがあると大変です。日曜日の朝には「まだ動画がこないんですが……」とお客さんからメールが来てしまうので、週末におちおち旅行なんてできません。

僕はそれがイヤだったので、すべて自動的にやってくれるシステムを探しました。そこで見つけたのが、「Teachable」でした。

物販なら「BASE」や「Shopify」を使ってもいいですね。

いずれにせよ、そうした販売サイトに飛ぶQRコードをライブ配信の画面に貼っておくと、興味を持った人たちが次の一歩を気軽に踏み出せます。

ライブ配信がマネタイズへの「入り口」になるんです。

さらに、それがアーカイブとして蓄積されれば、それだけ多くの入り口ができるということ。僕の場合は1000本のアーカイブ動画があるので、1000人のセールスマンが24時

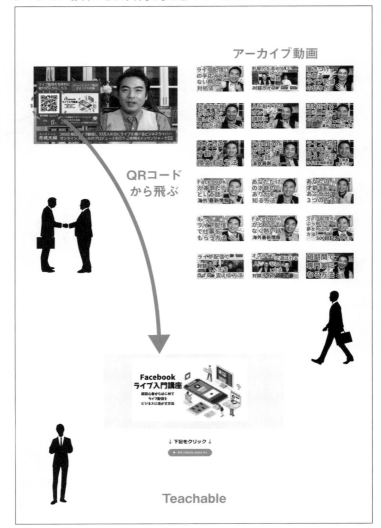

間365日オンライン上にいるようなものです。1000の支店といってもいいかもしれません。

　それにしても、ライブ配信ツールの「StreamYard」もそうですが、一昔前はこうしたECサイト的なシステムは個人レベルでは利用できませんでした。それがTeachableの場合は月々の利用料が1万円程度、StreamYardは月2500円ですからね。本当にすごい時代になりました。

　こうしたテクノロジーの進歩の恩恵は積極的に享受すべきです。なぜなら、**オンライン上に24時間365日休みなく働いてくれるPRマンやセールスマンを雇うのと同じだからです。**

　オンライン上のPRマンにあたるのは**アーカイブ動画**です。「赤城夫婦って人が、こんなライブやってるよ！」というのを、常に発信し続けてくれます。ライブをやればやるほど蓄積されていきますので、PR効果も増える一方。

　しかも、蓄積していけば検索でもヒットされやすくなるし、まさに一石二鳥です。

　セールスマンにあたるのは、**商品への誘導、課金、納品まですべて全自動でやってくれるECシステム**です。

　まえがきでも書きましたが、僕は「売り込み」が大嫌いです。それまで「へえ、面白い」「ためになる！」と喜んでいたのに、有料講座の話をしたとたんガラリと空気が悪くなる、あの瞬間がとても苦手だからです。

　なので、お金に関する話はすべて、この全自動セールスマ

ンにお願いしています。

　ちなみにこうしたシステムを構築できたのは、ライブ配信を始めて8ヶ月も経った頃でした。

　その時から、ようやく本格的にライブ配信でマネタイズできるようになったのです。さらにコロナ禍と重なり、一気に申し込みが殺到したのはまったく予想外でした。ぜひみなさんも焦らずじっくりと取り組んでみてください。

 第6章の内容についてさらに詳しく知りたい読者はこちら！
赤城良典がとことん解説します（動画）

# Q & A 2
コーナー

　ここまで読んできて、みなさんがおそらく疑問に思っているであろうことについて、聞かれる前に先取り回答。名づけて赤城良典の勝手にQ&Aコーナーその2。

**Q** 赤城夫婦のFacebookページには1000以上のアーカイブがありますが、それを全部観ればお金を払わなくても済むのではないですか？

**A** はい。でも、全部観る人はまずいません。

　僕も一度言ったことがありますよ。「アーカイブに全部あるから、自分で探して」と。そうしたら「探せないから過去のライブをまとめたものを売ってくれ」と言われました。
　つまり、**無料で公開されている情報でも、それが体系化されれば売れる**ということです。なぜなら、時間を短縮できるから。時間は貴重なので、時間を節約するためにお金を払うという人はけっこういます。
　だからこそ、**コンスタントに愚直にやり続けることに意味が出てくるのです。**

数のパワーはやっぱりすごい。動画コンテンツが1000も
あったら、探す気力が失せますから。

　そして改めて、**情報は絶対に出し惜しみしちゃダメ**、と言
いたい。すべて全力投球。

　**「どうせ無料だから」と中途半端な気持ちでやるとパンチ
が弱くなって、結局誰にも刺さりません。**

　「無料」「タダ」という概念を覆すぐらいの濃い情報を伝え
続けることでインパクトが出る。

　「やっぱあの人ぶっ飛んでるわ」と話題になる。

　みなさんもぜひ「出し惜しみしない人」「ぶっ飛んでる人」
と言われるようになってください。

第 **7** 章

ライブ配信で
得られる
圧倒的に自由な生活

# 1
## 付き合いたい人とだけ付き合うには？

いよいよ最終章です。

最後はすごく観念的な話になりますが、とても大事なことですので、お付き合いください。

この章のテーマ「ライブ配信で得られる圧倒的に自由な生活」というのは、つまり「本当に大切にしたいことを最優先にできる生活」ということです。

世の中には仕事だけの人生で終わってしまう人もいます。しかし最後の最後に絶対後悔すると思うんです。

「もっと大切にしたいものがあった……」と。

僕はどんなに仕事が大好きであっても、やはり仕事以外に大切だと思えるものがあるのでは？と思っています。普通の会社勤めの人であれば、多かれ少なかれそうした後悔が残るのではないでしょうか。

以前までは、「働く時間が長いことは仕方ないことだ」と諦めるしかありませんでした。

**しかし時代は変わりました。**

**テクノロジーをうまく活用することで、「諦めなくてもいい環境」を作り出すことができるようになったのです。**

では、その「諦めなくてもいい環境」はどうすれば作れる

のか？

それは——
「付き合わない人を決める」ことです。

## まずは「自分を知ってもらうこと」から始まる

　第4章で「大切にしないことを決める」と書きました。それと同じように、まず「付き合いたくない人」を決めるのです。そうすれば、おのずと「どういう人と付き合いたいか」が明確になります。

　実は付き合いたい人は、「自分の世界観に共感してくれる人」でもあるのです。

　当然ですよね、自分に共感してくれない人とは誰も付き合いたいと思いませんから。

　逆に言えば「自分のことを知ってもらわないと付き合いたい人とは出会えない」のです。自分の世界観が明確に提示できると、それに共感してくれる人が集まってきます。そこで初めて、本当に付き合いたい人と出会えるのです。

　恋愛でも同じですよね。

　若い時は片思いでも、いやむしろ片思いのほうが情熱的になれますが、やっぱり自分のことを好きになってくれる人とじゃないと幸せにはなれません。

　仕事も同じです。

自分のことを信頼してくれている人とじゃないと、ともに成長はできません。相思相愛というのは、仕事の上では理想ではなく絶対条件だと僕は考えます。

　**では、なぜ今まであなたは、本当に付き合いたい人と出会えなかったのか？　──それは「自分が何を大事にしているか」を表明してこなかったからです。**

　これまではその「手段」がなかったかもしれません。

　でも大丈夫。今のあなたには「ライブ配信」があります。

　ライブ配信をしている人たちは、仲間をつくるのが非常に早いです。その人が何を大事にしているかがひと目でわかるから。

　蓄積されたアーカイブも含めて、それらはまさに**動く経歴書**です。本当に付き合いたい人とだけ付き合うには、まずは自分が意思表明することが重要なのです。

# 2
## オンラインだからこそ
## 深まる関係性

　ライブ配信を通じて、自分の世界観を伝えると、それに共感した人たちが周りに集まってくれます。リアルで会ったことがないのに、まるで長年の親友のような出会いが生まれることがあります。

　なぜ、そんなことが起こるのか？

　キーワードは〈自己開示〉。
　これが鍵になってきます。

　自分が悩んだこと。苦労したこと。葛藤したこと。こういったものを吐露するとき、人はなぜかその人に親しみを感じ、応援したくなってしまうのです。
　自分自身の状況と重ね合わせているのかもしれません。

　イケてる自分の姿を見せるよりも、もがきながら前に進もうとしている人の姿に、人は共感するのです。泥臭いけど、もっとも人間らしい姿だから。
　リアルに対面で自己開示する機会は、そう多くはありませ

ん。そんな機会がもしあったとしても、面と向かっては恥ずかしくてなかなか自己開示することはできませんよね。

　ところが、**なぜかオンラインだとすんなりできてしまうのです。**

　だから、会ったこともないのに、もう何年も前から知っているような気になるのです。

　会話が弾めばそのまま話し続けることができる。嫌になったら気軽にその場を離れることができる。都合の良いタイミングで連絡できる。こういった**「適度な距離感」**がオンラインにはあります。誰かに自分の気持ちをさらけ出しやすいのです。

　ただ一点注意する必要があるのは、自己開示は安心・安全の場で行ってほしいということ。これは、リアルの時と一緒です。

　でないと、意味不明な攻撃や悪質なコメントで余計なストレスがかかります。

**オンラインだからこそ深まる関係性。**
　そのからくりは〈自己開示〉にあるのです。

# 3

# 世界観に共鳴しあう仲間と経済を成立させる

こうして自己開示し合い、お互いの人となりが分かった上でつながった人とは、信頼関係が育まれ「仲間」になっていきます。その上で、実は、**お互いがお客さん同士にもなるのです。**

どういうことか、もう少し説明しましょう。

たとえば、僕の有料コミュニティ「B-School」には今 100 人ぐらいメンバーがいますが、みなさんいち早くライブ配信に取り組んでいるだけあって、感度が高く、仕事においても各分野の一流の人たちばかりです。

そうした方々に僕は、動画編集や写真撮影、Web 制作といった仕事をお願いすることがあります。

それは僕だけではありません。

メンバー同士でお互いに仕事を依頼しあったりもします。

**つまり、僕の有料コミュニティの中でビジネスが成り立っているのです。**

今流行りのクラウドソーシングもオンラインで仕事を発注したり受注したりできる点では同じですが、僕のコミュニティと違うのは「相手のことがよくわからない」ということ。

簡単な職務経歴書や実績は確認できると思いますが、どん

な性格なのか、どんな世界観を持っているかなどは知る由も
ないでしょう。

「そんなものは仕事には関係ない」「求められたことを安く
やってくれればいいんだ」という考えの人が多いからこそ、
こういうビジネスモデルが成立するのでしょうが、**僕はそれ
で本当によい仕事ができるとは思えません。**

しかし、ライブ配信で知り合った仲間たちは、あらかじめ
お互いの世界観に共鳴しあっているという時点でまったく違
います。

そういう相手に仕事を頼むとどうなるか？

出来上がってきたものが的はずれだということはほとんど
なくなります。それどころか、**「これだよこれ。こういう
のが欲しかったんだよ！」**といった**素晴らしい成果になる確率
が非常に高い。**

なぜなら自分が大事にしていること、大事にしていないこ
とをすべてわかってくれているから。世界観を共有できてい
るからです。

こうなるともう、よそでは仕事を頼めなくなります。

探せばもっと安いクラウドソーシングがあるのでしょうが、
仕上がりの違いが明らかだからです。

## 依頼の「見込み外れ」がなくなる

仕事を受ける側としても好都合です。まったく的はずれな

発注が来なくなりますから。「あ、こういう仕事ならあの人が得意だな」と、指名買いのようになるからです。

　だから頼むほうも頼まれるほうも、非常に効率がいい。

　こうして、僕のコミュニティの中で仕事が回ってしまうんです。

　**前提として必要なのが、これまで再三言っている「意思表明する」ということです。**

　お互いにそれができていれば「認識のズレ」という悲劇は極力減らせます。

　意思表明の内容は具体的であればあるほどいい。

　たとえば、「うちは洋食屋です」と言うより、「うちはオムライス専門店です」と言ったほうがオムライスを食べたい人を確実に集客できます。オムライス専門店に「ナポリタンが食べたい」人はまず来ませんから「うちはナポリタンやってないんですよ」といちいち断る手間が省けるのです。

　つまり〈見込み外れ〉ということを減らせます。

　それは究極の意思疎通であり、ひいては究極の組織づくりでもあるのです。

# 4 個人が影響力を持つと どうなるか？

　世界観を理解してくれる仲間、支援してくれる仲間がいると、「個人が力を持つこと」の重要性を理解できるようになります。

　それは「誰もが起業家になれる」ということです。

## 子どもを抱っこしながら 2000万円の売上

　僕のクライアントに、ファンづくりの専門家の山﨑見咲さんという方がいます。彼女はもともと1年ぐらい僕のライブをマネしながら自己流でライブ配信していました。

　ライブを始めたときは、本人曰く、「何の専門家でもなく、子育てに悩むただの主婦」だったそうです。彼女は、とにかく子育てがつらくて、どうやって解決したらいいのかわからない。でも、もっと楽しく生きたいという悩みがあって、自分が本で読んだことや講座で学んだことを、同じ悩みの人に伝えたいという目的で産休中にライブ配信を始めました。

　コロナによる緊急事態宣言でずっと家にいて、子どもも保育園に行けずに息がつまる毎日のなかで、ライブ配信でコメントやフィードバックがもらえることが日々の楽しみになっ

ていきました。ライブ配信をすることで、どんどん元気になっていって、人とつながれることが嬉しかったそうです。だから最初、ビジネスは何にもしていなかったのです。

ところが、ライブをやっていくなかで、他のライバーや僕を見ているうちに「何か自分もこれまでの知識や経験を活かしてビジネスライバーになれたらいいな」と憧れるようになりました。

でも、「何の専門家でもないから、見てもらえるわけもないし、どうしよう……」と長く悩んでいたんです。それで「B-School」に入って、さらに僕の個別コンサルティングを受けたことで自分の強みに気づき、商品化することに成功。ひいき客さんだけにクロージングする方法を開発しました。

**その結果、彼女のオンライン・コミュニティは 280 名になり、11 ヶ月で 2000 万円の売上が上がっています。** 子どもを抱っこしながらライブ配信して 2000 万ですよ。すごくないですか？

このように **「個人が影響力を持つと、誰もが起業家になれる」** のです。しかも、子育ての悩みも解決され、人からも喜ばれて社会で活躍できる。

仕事か家庭かで悩む必要なんて、もうなくなる時代になるのです。ちなみに、個別コンサルティングの際、彼女はZoom の向こうで立ったまま子どもを抱っこしてゆらゆらさせながら、僕の話を聞いていました。そんな時、僕は「うち

の息子にもこんな時代があったなぁ」と懐かしく思ったものです。実は、僕も若い時はそうやってビジネスしていたからです。

ライブ配信を使えば、自宅で仲間を増やして、ビジネスをしていくことができる。

**こうした個人同士が、共通の世界観と強い団結力で結びついているのがライブ配信のコミュニティです。**

それぞれが本気を出して一つの目標に向って動いたら、僕は本気で社会的なムーブメントを起こせると思っています。

その潮流はすでに生まれています。

アメリカのフォーチュン誌が年に1回発行する全米上位500社のリスト「フォーチュン500」というのがあるのですが、そこに名を連ねる500社のほぼすべての企業が、人材のプラットフォームを利用、つまり、個人の専門家に仕事を発注しています。

上場企業がフリーランスに仕事を依頼する時代なのです。

「あ、フリーですか、うちは企業さん相手じゃないと……」

こんなふうにフリーランスが断られる時代はもうすぐ終わるということです。

**実力さえあれば、フリーランスだろうが、昨日まで主婦だった人であろうが、第一線で活躍できる。**

第7章　ライブ配信で得られる圧倒的に自由な生活

そんなワクワクする展開が日本でも起こりうる、いやもう
すでに起こっているのです。

## インフルエンサーにならなくても
## 影響力が持てる

たとえば、「B-School」のメンバーに対談ライブの専門家
として活躍している中井純子さんという方がいます。彼女は
ゲストを呼んでサービスや商品の紹介をライブで配信してい
ます。

彼女も主婦で、最初は自分の好きなものをみんなに紹介す
るようなライブをしていました。そのうち、誰かの応援をし
たいと思い、いろいろな人を自分のライブに対談相手として
呼ぶようになりました。

ところが、ただの対談ではありません。**ゲストを「Tアッ
プ」する対談**です。「Tアップ」とは、ゴルフボールをTの
上に乗せることからきている言葉で、誰かを「持ちあげる」
＝「良さを引き出す」という意味でも使われています。

彼女は、もともとラジオパーソナリティなので、相手の話
を引き出すのが抜群に上手。そのうえ、視聴している人が飽
きないように、対談中に効果音を入れたりしているうちに、
やがて、ライブ配信をたくさんの人がシェアするようになっ
たのです。

そんなある日、服を買いにアパレルショップに行ったとこ
ろ、お店の人に「いつも見てます！」と言われたそうです。

そこで盛り上がった結果、ライブ配信の衣装提供をしてもらうことになりました。

　彼女はインフルエンサーでもなんでもありません。だけど他の人を応援することで影響力を持つようになったのです。

　**ライブは嘘をつけない。だからこそその人の言うことは信用できる。**つまり、数より信用度で、そのアパレルショップはスポンサードしたのです。

　こういうことが、すでに起こっているのです。


　このことはFacebookも察知していて、**近い将来、Facebookライブに広告をのせる可能性があると、まことしやかに言われています。**

　つまり、YouTubeのように、ライバーに広告料が入るかもしれないのです。そうなったら、すでにやっている人たちは相当な先行者利益を得られるはずです。

　ヒカキンさんもはじめしゃちょーさんも、YouTubeの黎明期に始めたからこそ、あれほどの影響力を持つことができました。

　**個人が企業と対等に渡り合い、世の中を動かしていく。**

　こんな夢のようなことが十分可能な時代となったのです。

# 5 勝ち組でも負け組でもない生き方

　ライブ配信によるコミュニティで仕事を回すことが一般化してくると、これまでの「勝ち組」や「負け組」という概念がなくなります。それどころか「競合」という概念すらなくなると僕は予想します。

　なぜかというと「この商品やサービスが欲しいから購入する」じゃなく、**「この人に共感したから支援する、応援する」という動機でライブ配信の世界は成り立っているからです。**

　つまり、商品やサービス単体の価値だけで経済を回そうとすると（それが今のやり方ですが）、宣伝力のある人や企業が利益を独り占めしてしまう可能性があります。同じような商品やサービスなら、誰から購入しても同じだからです。

　しかし、**その人の世界観に共感して商品やサービスを選ぶという行動原則の下では、宣伝力や資本力の独占そのものに意味がなくなります。**なぜなら、世界観に共感できないものは、どんなに宣伝されても欲しいとは思わないからです。

　そうなるとどうなるでしょうか。

　誰かが一方的に勝つか、負けるかではなく、「この人は好き」「この人は嫌い」という〈選択〉の話になります。当然

ながら、その選択肢が増えれば増えるほど、人は大勢集まってきます。

つまり、**ライブ配信をする人が増えれば増えるほど、受けられる恩恵の総量は増えます。だからライバーは競合相手ではなく、〈ともに恩恵を受ける仲間〉という関係になるのです。**

YouTube も、最初は趣味で動画をアップしている人たちの小さなコミュニティでした。ところがやる人が増え、観る人が増えたことで、今は一つの大きな商圏になっています。

ライブ配信も一緒です。やる人、観る人たちがもっと増えたら、それだけで一つのマーケットになります。

だから、勝ち負けとかではなく、協力し合いながら盛り上げていく必要があるのです。

その先には、**〈まっとうに努力している人たちが適正に評価される時代〉**が来ることを、僕はすごく期待しています。

かつて、顔を出さずに宣伝の力だけで売りまくっていた悪徳な情報商材屋全盛の時代がありました。彼らは後ろめたいから顔を出せないんです。そういう人たちは絶対にライブをできません。ライブは顔を出せない時点でアウトですから。

**顔を出せるというのは信用の証なのです。**

だから、堂々と顔を出せるものの、宣伝力がなかったばかりに日の目を浴びることができなかった人たちが、今ようやく評価されつつある。

この流れを僕は絶対に止めたくはないのです。

# 6

## VUCAの時代だからこそ「動ける力」を身につけよう

いよいよ最後の項目になりました。

今、世の中は〈VUCAの時代〉と呼ばれています。

VUCAとは「Volatility（変動性）」「Uncertainty（不確実性）」「Complexity（複雑性）」「Ambiguity（曖昧性）」の頭文字を並べたもので、要は**将来の予測が困難な現代の状況**を表す言葉です。

**「この不確実で曖昧な世の中を、僕たちはどう生き抜いていくか？」**

コロナ禍に直面した時に、僕が一番感じたことです。

そして、この本を書くにあたっての根本的な動機でもあります。

僕は最近、こう尋ねられることが多いです。

「赤城さんはどうしてこの状況で事業を拡大できたの？」

その答えは「オンラインでやったから」だけではないと思っています。**オンラインでやったのは単なる結果であって、**

**大事なのは「選択」です。**

　コロナが起きたことで対面での経済活動ができなくなり、これまでのルールとは違うルールで世の中が動いていくとなった時、僕はかなり早い段階でオンラインにシフトすることができました。

　それができる「**選択肢**」を持っていたからです。

　なぜかというと13年前（2008年）からオンラインスクールをやっていたから。ライブ配信だって2年も前（2019年）からやっていたから。

　だから、対面ができなくて、非接触型のビジネスをやらなきゃいけないという時に、「これからもっとオンラインが広がるぞ」と、いち早くスタートダッシュを切れたのです。

　つまり、**何かが起こった時、「ピンときて」「すぐに動く」、そして「そのための選択肢」を持つ。**

　これがこの本の裏テーマです。

　「感じる力」「動ける力」「選べる力」こそがVUCAの時代を〈生き抜く力〉です。

　この力がなければ、どんなに大きな企業も生き残れません。

**「強者が生き残るのではない。適応した者が生き残るのだ」**
というダーウィンの進化論とまったく同じです。

　強くなるのではなく、いかに適応していけるか。

　すべての力を一度に手に入れるのは難しいかもしれません。

　だったらまず一つ、手に入れてください。

それは「動ける力」です。

人が何かを始めようとする時、それを邪魔する最大の敵は「どうせ自分は無理だから」と諦める自分自身です。
ライブ配信は苦手で……という人は、ライブ配信そのものではなく、新しいことをやるのが苦手なんです。

**それでは、生き残れません。**

まずは動いてみましょう。結果は後から付いてきます。
失敗しても構いません。動かなければ失敗もできません。

だから最後に、またこの言葉を贈ります。

**「『ちゃんとしない』をちゃんとする」**
**「四の五の言わずに GO ライブ！」**

未来を切り拓くのは、あなた自身です。

第7章の内容についてさらに詳しく知りたい読者はこちら！
赤城良典がとことん解説します（動画）

2年前の春、僕は葛藤のただ中にいました。

すでに著者として赤城夫婦名義の本を2冊出版。全国講演も行い、オンラインスクールも確立。
ささやかな成功を収めていました。

それまでの僕にとって、本を出版することも、僕の話を聞きに全国各地から人が集まってくれることも、子育てを優先しながら働けるオンラインスクールで食べていけるようになることも、「すごい夢」でした。

だから、それがすべて叶ったら、あとはずっと、ただただ平穏で幸せな人生が待っていると思っていたのです。

ところが現実はちょっと違っていました。

1日2時間ほど働けばOKな仕組みを作り、自分が達成したいことは一通り実現したことで、確かに嬉しかったけれど、なぜか毎日が物足りなく感じるのです。

「あれ？　おかしいな。望みが全部叶ったのに、なんで僕はモヤモヤしているんだろう」と。

そんななか、妻が京都大学の大学院に社会人入学。テストやレポートに追われながらも、グローバルなメンバーと交流し、充実したキャンパスライフを送っている姿を見ながらさらに思いました。

「自分は一体、何をしたいんだろう？」

どんどん成長し、キラキラ輝いていく妻。かたや、家事や息子の習い事の送り迎えなど、いわゆる〈専業主夫〉状態がメインだった僕だけが、一人ポツンと取り残された気分でした。

とりあえず、何かを始めなきゃと25年ぶりに水泳を再開。週7日ひたすら泳いでマスターズ水泳大会で日本ランキング2位（！）をゲットします。しかし、何かが足りない。何かが違う。これじゃない。

「やりたいことは何なのか？」
「何がやりたいのか？」

それがまったくわからない。いくら考えても、本を読んで

もかわらない。家にいてもやる気が起きない。仕事場に行く気もしない。

　気がつくと、布団のなかで眠るだけの生活です。人間って不思議ですが、やることがないと寝るんですね。朝食が終わると横になり、ランチが終わると昼寝する。とにかく一日中、寝て過ごしていたわけです。

「何をしていいのかわからない」

　しばらくこんな状態が続きました。
　そんなとき、出会ったのが〈Facebook ライブ〉でした。

　スマホを片手に、見る人が誰もいないライブ配信をスタート。野外ライブ配信をしに外へ出かける僕の姿を見て、妻は少しホッとしたそうです。ゴロゴロ寝てるばかりじゃなく、ようやく何か始めてくれた、と。

　ライブ配信をスタートするも、最初の3週間は視聴者ゼロ。100日目のライブ配信でさえ、コメントはゼロ。
　前にも横にも後ろにも、誰もいない。孤立無援の状態でひたすらライブ配信を続けていたのです。成果の出ない日が続き、さすがに僕の心は折れそうになりました。

そんな凹みきっていたあの日、奇跡が起こったのです。
　ライブ動画に字幕をつけて再投稿した動画が3000人に見られたことを知り、僕の心に火がつきました。ずっとくすぶっていた「やる気」の火種に、風が吹き込まれたのです。

「これだー！」

　とはいえ、そこからもまだまだ視聴者数が伸びない日々が続いたのですが、僕は難しいゲームを攻略するかのように、どうすればうまくいくのかをフル回転で試行錯誤するようになりました。

　毎日ライブでしゃべるから、元気が出る。
　試してみるから、やる気が出る。

　僕はいつしか、ライブ配信にどっぷりハマっていきました。

　ひたすらトライ＆エラーを繰り返すなか、ライブ配信を使い、自動化システムを組み入れた、今までにないビジネスモデルづくりに没頭。実際にマネタイズができるまでに、8ヶ月の月日が経っていました。

　ちょうどその頃、世の中はコロナにより一変してしまいます。対面サービスの業種の人々が次々と収入を絶たれるなか、

僕のライブ配信に活路を求めてくださる方が次々とライブを見にきてくれました。そして、ライバーになる人たちが少しずつ出てきたのです。

　やがて、僕の横にも後ろにも、周りに仲間がたくさんいるようになりました。

　ライブ配信がきっかけで生まれた「ライブ配信研究会」のメンバーは 2021 年 8 月現在 1450 名を超え、今や日本最大級のライバーコミュニティに成長しました。

　ライブ配信をビジネス活用するための有料コミュニティ「B-School」の会員は約 100 名になり、ライブ配信長者が続々と生まれています。

　僕の事業の売上も、ライブ配信を始める前と比べて 20 倍（！）に UP しました。そして最初視聴者ゼロだった視聴者は、2 年で累計 180 万人に届くまでになりました。

　ライブ配信は、僕を人生の停滞感から救ってくれただけでなく、多くの人にとっても、人生のターニングポイントになっています。

　特に大きな影響を受けたのが「働き方」です。

あとがき

これまで個人事業やスモールビジネスの多くは、大企業の下請け的な仕事しかできず、長時間労働や低報酬など、厳しい条件で働かなければなりませんでした。

　でも、今は違います。

　そんな仕事であれば、断っていいんです。なぜなら、別の選択肢があるから。

　それが……ライブ配信です。

　理想のお客さんとつながり、直接ビジネスを行えばいいんです。僕やこの本で紹介してきたみんなのように。

　無理難題を押し付けてくるお客さんを相手にしなくたっていいんです。あなたにお金を払いたいというお客さんと出会うことができるから。

　あなたが今、何かの専門家じゃなくても、話が上手じゃなくても。目標を見つけられず、熱くなれるものがなかったとしても大丈夫です。ライブ配信が、あなたを、まったく新しい世界へ連れて行ってくれるから。かつての僕のように。

この本を読み終えた今、あなたはもう新しい扉の前に立っています。

　さぁ、一緒にその扉をあけましょう！

「四の五の言わず GO ライブ !!!」

　最後に、いち早く本書の企画を提案してくださったフォレスト出版デジタルメディア局の中原拓哉さん、本書執筆のサポートをしてくださったライターの五十嵐裕樹さん、そして一字一句こだわりたくなる僕を何度も電話で励ましてくださった担当編集の寺崎翼さんには本当に感謝しかありません。

　また、ライブ配信研究会、B-School のみなさんにも心より感謝しています。僕がいつもエネルギッシュでいることができるのは、みなさんがいてくれるおかげです。

　そして、最愛の妻と息子へ。いつも、どんな僕でも、惜しみなく愛してくれてありがとう。

2021 年 8 月

赤城良典

あとがき

**１９５**

**【著者プロフィール】**
**赤城良典（あかぎ・よしのり）**
**株式会社アップデイト代表**
**ビジネスライバー**

活動名「赤城夫婦」でフランクリン・コヴィー・ジャパン株式会社
「7つの習慣・結婚編」日本人初の公認講師として、海外45ヶ国、2
万人がオンライン動画を受講するなど活躍したのち、現在はビジネ
スライブ配信の国内実績トップの第一人者として知られる。
24時間365日働く分身「オンラインセールスマン」を作り出すこと
で、安定収入と時間の自由を手に入れる「自動化オンラインビジネ
ス」を提唱。著者・コーチ・コンサルタントのオンラインスクール
のプロデュースも行う。
視聴者ゼロから始めたFacebookライブは180万人に届くようになり、
アドバイスを求める人が急増。コロナ禍で収入を絶たれた対面セー
ルスの業種を皮切りに、赤城メソッドの具体的なアドバイスを実践
することで数多くのライブ配信長者を生み出す。
主宰する「ライブ配信研究会」は会員数1450名を超え、日本最大級
のライブ配信コミュニティに成長し、ライブマーケティングの第一
人者として注目を浴びている。

**公式サイト**
https://www.akagi-fufu.com

**Facebook**
https://www.facebook.com/akagifufu1

## ビジネスライブ配信のはじめ方

2021 年 10 月 9 日　　　初版発行

著　者　赤城良典
発行者　太田　宏
発行所　フォレスト出版株式会社
　　　　〒162-0824 東京都新宿区揚場町 2-18　白宝ビル 5 F
　　　　電話　03 - 5229 - 5750（営業）
　　　　　　　03 - 5229 - 5757（編集）
　　　　URL　http://www.forestpub.co.jp

印刷・製本　萩原印刷株式会社

『ビジネスライブ配信のはじめ方』

# 購入者限定無料プレゼント

本書をお読みくださったみなさんに、
スペシャル動画とPDFをプレゼント!

180万リーチを超えるトップビジネスライバーが
視聴者ゼロ時代を乗り越えられた理由とは?
その裏にあったライブ配信戦略を詳しく3ステップで解説!

---

**特典1** オムニチャネル戦略解説(動画)

**特典2** オムニチャネル実践
3ステップロードマップ(PDF)

---

☑ ライブ配信の視聴者がゼロでもじわじわファンが
増えていく6毛作コンテンツ配信とは?

☑ 6毛作コンテンツ配信の3ステップとは?

☑ 6毛作コンテンツ配信をお手軽に実践する"あるAIツール"とは?

※ 動画ファイル・PDFはWeb上で公開するものであり、小冊子・CD・DVDなどをお送りするものではありません。

※ 上記特別プレゼントのご提供は予告なく終了となる場合がございます。
あらかじめご了承ください。

読者プレゼントを入手するには
こちらへアクセスしてください

**http://frstp.jp/akagi**